超常現象を否定する
NHKへの"ご進講②"

幻解ファイル＝限界ファウル

「それでも超常現象は存在する」

Ryuho Okawa
大川隆法

本リーディングは、2014年4月30日、幸福の科学総合本部にて、
4人を対象者として公開収録された(写真上・下)。

まえがき

前著『「宇宙人によるアブダクション」と「金縛り現象」は本当に同じか―超常現象を否定するNHKへの〝ご進講〟―』に続いて、ここに『超常現象を否定するNHKへの〝ご進講②〟幻解ファイル＝限界ファウル「それでも超常現象は存在する」』を刊行することとした。身近に超常現象に困惑している人は数多い。今回も四人ほどの超常現象体験に対してタイム・スリップ・リーディングをしてみた。

金縛り、霊視、ポルターガイスト、ラップ現象、エクソシスト……私たちが住むこの三次元現象世界は、独立してあるのではなく、タマネギ型構造のように四次元以降の世界がオーバーラップして同時存在している。そして、時たま、三次元と四次元の時空間の裂け目で、異世界とこの世との干渉《かんしょう》現象が起きるのだ。「科学で証明できない現象なんてない。」という態度は、「傲慢《ごうまん》」を通り越して「無知」である。

「真実」は証明される前から既《すで》に存在しているのだ。

二〇一四年　六月十七日

幸福《こうふく》の科学《かがく》グループ創始者兼総裁《そうししゃけんそうさい》　大川隆法《おおかわりゅうほう》

幻解ファイル＝限界ファウル「それでも超常現象は存在する」　目次

幻解《げんかい》ファイル＝限界ファウル
「それでも超常《ちょうじょう》現象は存在する」
――超常現象を否定するＮＨＫへの〝ご進講②〟――

二〇一四年四月三十日　収録
東京都・幸福の科学総合本部にて

2

特別収録・おまけファイル

番組プロデューサー・渡辺圭氏《わたなべけい》の守護霊霊言

二〇一四年六月十七日　収録

東京都・幸福の科学　教祖殿《きょうそでん》　大悟館《たいごかん》にて

「タイムスリップ・リーディング」とは、リーディング対象に向けて、時間と空間の座標軸《ざひょうじく》を合わせて霊体《れいたい》の一部を飛ばし、過去や未来の状況《じょうきょう》を透視《とうし》することである。いわゆる六大神通力《じんつうりき》の「神足通《じんそくつう》（幽体離脱《ゆうたいりだつ》能力）」と「天眼通《てんげんつう》（霊視《れいし》能力）」をミックスさせた、時空間を超《こ》えた霊能力である。

幻解《げんかい》ファイル＝限界ファウル「それでも超常現象《ちょうじょう》は存在する」

――超常現象を否定するＮＨＫへの〝ご進講②〟――

二〇一四年四月三十日　収録

東京都・幸福の科学総合本部にて

〔進行役〕

斎藤哲秀《さいとうてっしゅう》（幸福の科学編集系統括《とうかつ》担当専務理事）

〔対象者〕

南無原《なむはら》みろく（幸福の科学理事　兼《けん》　青年局長）

溝田賢吾《みぞたけんご》（幸福の科学人事局付職員）

平井祥子《ひらいさちこ》（幸福の科学出版局主任）

仮名・A（幸福の科学エル・カンターレ信仰《しんこう》伝道局サービスセンター主任）

［役職は収録時点のもの］

1　NHKの非科学的な「超常《ちょうじょう》現象否定番組」に「公開リーディング」で反論する

NHKに大きな影響《えいきょう》を与《あた》えている「守護霊霊言《しゅごれいれいげん》」

大川隆法　先般《せんぱん》、NHKの「幻解《げんかい》！超常《ちょうじょう》ファイル」なる番組をきっかけに、「『宇宙人によるアブダクション』と『金縛《かなしば》り現象』は本当に同じか」というテーマで収録を行いました（『「宇宙人によるアブダクション」と「金縛り現象」は本当に同じか』〔幸福の科学出版刊〕参照）。

ただ、その番組では、超常現象を紹介《しょうかい》しながらも最後に否定し、唯物論《ゆいぶつろん》や科学の勝利に持ってい

『「宇宙人によるアブダクション」と「金縛り現象」は本当に同じか』（幸福の科学出版）

くようなやり方が続いているようであり、ずっとされ続けた場合、〝空気〟が動いてくる可能性もあるので、少し警戒《けいかい》しています。

ＮＨＫに関しては、「籾井《もみい》会長の守護霊《しゅごれい》インタビュー」を当会のほうから〝撃《う》ち込《こ》み〟ましたが（『ＮＨＫ新会長・籾井勝人《かつと》守護霊本音トーク・スペシャル』〔幸福の科学出版刊〕参照）、あれはかなり大きかったのではないでしょうか。

左翼《さよく》マスコミが一斉《いっせい》に、「辞《や》めろ。辞めろ」の大合唱をして、国会でも追及《ついきゅう》され、締《し》め上げられたにもかかわらず、結局、あの〝一発〟が効《き》いて、クビにならなかったように思えるのです。おそらく、小保《おぼ》方《かた》さんと同様でしょうが（『小保方晴子《はるこ》さん守護霊インタビュー それでも「ＳＴＡＰ《スタップ》細胞《さいぼう》」は存在する』〔幸福の科学出版刊〕参照）、あの〝一発〟を撃ち込まれ

『ＮＨＫ新会長・籾井勝人守護霊本音トーク・スペシャル』（幸福の科学出版）

『小保方晴子さん守護霊インタビュー それでも「ＳＴＡＰ細胞」は存在する』（幸福の科学出版）

ためために、クビを切れなかったわけです。

普通《ふつう》であれば、あれだけ騒《さわ》がれると、たいてい辞めなくてはいけないところなのですが、辞めなかったために、安倍《あべ》政権が致命《ちめい》的なダメージを受けませんでした。

さらに珍《めずら》しいことに、安倍さんの〝お友達〟と言われる保守系のNHK経営委員たちが次々と攻撃《こうげき》されました。例えば、百田尚樹《ひゃくたなおき》さんの、都知事選での発言を捉《とら》えて攻撃したり、長谷川三千子《はせがわみちこ》さんの文章表現を捉えて攻撃したりと、経営委員まで攻撃したわけですが、とにかくクビを切りたかったのでしょう。

昔は、そういうことを朝日新聞等で少し書かれたりすれば、すぐにクビが飛んだものですけれども、あの〝一発〟がかなり効いたようです。私としては、「経営委員まで擁護《ようご》するようなものが何か要《い》るかもしれない」とは思ったのですが、我慢《がまん》して見ているうちに、結局通り過ぎていき、クビが切れなかったのです。

そのあと、NHK「クローズアップ現代」の国谷裕子《くにやひろこ》キャスターの守護霊インタビューを〝撃ち込み〟ました（『クローズアップ国谷裕子キャスター』〔幸福の科学出版刊〕

参照）。たぶん、彼女が、会長と対立する左寄りの勢力の看板になっているのではないかと思ったので出してみたわけですが、これもそれなりに影響《えいきょう》はあったと思われます。

いずれにしても、この〝二発〟を撃ち込まれたので、向こう（左寄りの勢力）のほうも、何らかの対抗《たいこう》策を打ちたくなってきたのではないでしょうか。

現時点（四月三十日）で、新しい会長は、就任会見での発言について、公式的には不適切な部分があったことを謝罪した映像を収録し放送したものの、内部的には、専務理事二人のクビを切ろうと圧力をかけました。しかし、抵抗《ていこう》にあってクビを切れず、向こうに押《お》し返されています。そのような戦いがあって、経営陣《じん》と、実際の報道・編成部門の長《ちょう》あたりとの力比べが、いまだに続いているようです。

そういうなかで、超常現象などを取り上げ、そうしたファンに見せつつも、「結局、

『クローズアップ国谷裕子キャスター』（幸福の科学出版）

それはインチキだった」とか、「非科学的だった」とか、「つくりものだった」というような感じの意見を並べ始めているので、これは、ある意味で、「霊言《れいげん》による攻撃」への打ち返しなのかもしれません。

また、制作部門としては、会長のクビを取れなかったことの残念さを、口出しされない制作内容に向け、唯物論・無神論系の方向へ、つまり、「霊現象なるものはない」という方向へと流れを持っていくことで、崩《くず》そうとしているように見えなくもないのです。そういう感じもします。

安保《あんぽ》世代の左翼《さよく》思想勢力がマスコミのトップレベルに残っている

大川隆法　ちょうど、私の何年か上の世代は、七〇年安保《あんぽ》を経験しています。六〇年安保、七〇年安保といって、アメリカとの間に、十年ごとの日米安保の改定作業があった際、その反対運動があったわけです。

「アメリカはいろいろと悪いことをたくさんしている」という理由から、反アメリカ勢力の運動が起き、ベトナム戦争なども始まったせいで、アメリカに反対して、中国のほうにシンパシーを感じた人が寄っていこうとした動きだと思うのです。

あのときは、一種の革命前夜のような感じで、安保反対勢力のほうが勝《か》っていれば、日本が中国の属国化していたのは間違《まちが》いないでしょう。そのぎりぎりのところだったと思います。

ただし、一九六〇年や七〇年の中国の実態を見れば、国内で同胞《どうほう》をたくさん殺していました。左翼《さよく》の実態とはそういうものであり、神もあの世もない世界は、この世だけの権力闘争《とうそう》の世界です。おそらくは、中国人が何千万人も殺されていたと思われるときに、その実態を知らず、中国寄りへと言論を引っ張っていく〝無垢《むく》な人たち〟のデモが、日本で数多く起きていたということです。

同じく、北朝鮮《きたちょうせん》についても、朝日などは、「地上の楽園であり、天国のようだ」という感じのことを言ってほめ称《たた》えていたと思います。そのころには、「よど号（日航機）ハイジャック事件」が起き、北朝鮮に亡命《ぼうめい》した人もいました。ただ、その後、北朝鮮国内がひどい状態であることは、だんだんに分かってきたわけです。

いずれにしても、実際上の報道が正しくなく、世論《せろん》がねじ曲がっていた時代もあったということでしょう。

その世代の最後あたりが、たぶん、まだトップレベルで残っているのでしょうし、その流れを信じるような、左翼、唯物論、無神論勢力の人たちも、中堅《ちゅうけん》から若手にいるのだろうとは思います。

このあたりの人たちは、例えば、靖国《やすくに》神社参拝《さんぱい》の問題にしてみても、つまるところ、戦後、一世《いっせい》を風靡《ふうび》した丸山眞男《まるやままさお》の考え方に基《もと》づいているのではないでしょうか。彼は、先ほど述べた安保闘争なども率《ひき》いたわけですが、結局、「戦前の日本は、天皇制ファシズムだ。日本の国家丸ごとが、天皇制という、まるでオウム真理教のような、へん

毎日新聞
夕刊
赤軍派の学生集団
日航機を乗っ取り
金浦空港（韓国）に着陸
乗客百余人機内に監禁
北朝鮮めざしたが
福岡空港で23人降ろして
七つの罪名で捜査
偽装の金浦空港
日本刀持つ学生
日本刀ふりかざし
男客をしばり上げる

よど号ハイジャック事件　1970年、共産主義者同盟赤軍派が日航のボーイング727型機（よど号は愛称）をハイジャックし、北朝鮮に亡命した。（「毎日新聞」1970.3.31付）

てこりんなアニミズムの宗教に包まれて全体主義化し、戦争に突《つ》っ込んでいったのだ」というような史観だったのです（『日米安保クライシス』〔幸福の科学出版刊〕参照）。

戦後、そういう分析《ぶんせき》が流行《はや》って、東大法学部の政治学科などの考えも、かなり毒されていきましたし、さらに、教育学部のほうにも影響《えいきょう》しました。そういう教育を受けた人たちが、ＮＨＫや朝日新聞等に大勢入り、その後の日本の報道等の流れを決めていったと思うのです。

このあたりを〝ぶち切って〟いっているのが、たぶん私なのでしょう。

ちなみに、「今年は、朝日新聞に就職した東大生がゼロだった」という報道が出ていますが、朝日がそうであれば、ＮＨＫにもそろそろ影響が出てくるころだろうと思います。やがて、中国寄り、韓国《かんこく》寄り、北朝鮮寄りの報道を長く行《おこな》ってきたことのツ

安保闘争の理論的主柱だった左翼学者・丸山眞男の霊言を収録した『日米安保クライシス』（幸福の科学出版）

ケが来るでしょう。

番組に見る、「幽霊屋敷《ゆうれいやしき》」に対する〝インチキ〟証明の方法

大川隆法　結局、問題は、「神仏や霊界《れいかい》、あの世、あるいは信仰《しんこう》というようなものが、非科学的なものであり、存在もせず、人を騙《だま》すようなものなのか。それとも真理であり、本当のことなのか」というところに帰着すると思うのです。

今、「幻解！超常ファイル」には、栗山《くりやま》千明《ちあき》さんが出演し、魔女《まじょ》のふりもするなど、〝光と闇《やみ》〟の両方の役を演じながらナビゲーターをしていますが、結局のところ、「超常現象が、いかに、インチキやトリック、騙しによるものか」ということを暴《あば》いていっているようではあります。

先般は、「エイリアン・アブダクションと金縛り」について取り上げていましたが、最近は、ＮＨＫ

『ＮＨＫ「幻解！超常ファイル」は本当か』（幸福の科学出版）には、番組ナビゲーター栗山千明氏およびプロデューサー渡辺圭氏の守護霊霊言を収録。

のほかの番組（「タイムスクープハンター」）でも、幽霊屋敷《ゆうれいやしき》の科学的調査のようなものを行っており、どちらかといえば、否定的な結論を出していました。

古文書《こもんじょ》というほどでもないかもしれませんが、江戸《えど》時代の文献《ぶんけん》によれば、江戸の町でポルターガイスト現象らしきものがあり、「夜中に皿が飛ぶ」とか、「行灯《あんどん》が燃え上がる」とか、あるいは、「空から石が降ってくる」とか、そんなことを言って震《ふる》え上がったことがあったようです。

ところが、ここからがインチキだと思

NHK「タイムスクープハンター『解明せよ！戦慄の超常現象』」（2014.4.26）から

「18世紀末の江戸の旗本屋敷に起きた怪奇現象を未来人が解明する」という番組。

屋敷に起きた怪奇現象は、①台所のお皿が次々と割れる②ひとりでに障子が燃え上がる③屋敷に大量の石が降り注ぐといった現象。

当時の随筆『耳嚢《みみぶくろ》』第二巻「池尻村の女召使ふ間敷事」に書かれた怪奇談等が題材になっている（上）。池袋、沼袋、目黒等にも同様の話がある。

タイムスリップした未来人が監視カメラを設置して検証したところ、「人が起こしたもの」という結論に達した。番組の意向次第でどのようにでも説明できるような構成。

うのですが、私の行う「タイムスリップ・リーディング」ではないものの、何か探検隊のような人がタイムスリップによって昔に返り、実証するというような設定を、フィクションでつくっていました。「タイムトラベルをして、現場を見て検証し、報告をする」といった感じにしながら、「皿が飛ぶ現象は、箸《はし》でつついて飛ばしていた」とか、「石は、池袋村《いけぶくろむら》という村の村人たちが来て、上から投げ込んでいた」とか、そういうことを見てきたように映して、「インチキだった」という結論にしているわけです。

しかし、そういうやり方であれば、どうにでもできるでしょう。

そもそも、古文書に対する正当性の検証も必要だったと思います。また、実際に再現ビデオ風につくった部分はフィクションであるにもかかわらず、それで「インチキだ」と証明するやり方は、いくら何でもひどすぎますし、「非科学的すぎる」のではないでしょうか。番組を観《み》た人たちからも、「これはひどい」という意見がかなり強くありました。

「セイラムの魔女狩り《まじょが》」特集番組で宗教の危険性を煽《あお》るＮＨＫ

大川隆法　あとは、アメリカのボストン郊《こう》外《がい》で起きた「セイラムの魔女狩り《まじょが》」の話を番組で取り上げていました（二〇一四年四月二十六日放送「実録！魔女狩りの恐怖《きょうふ》」）。

私も、「セイラム」（現在のダンバース）を見に行ったことがありますけれども、そこは、昔、清教徒《せいきょうと》がアメリカに渡《わた》ったころに、魔女裁判が行われた所です。現地は、鬱蒼《うっそう》としていて、どことなく怖《こわ》い感じ、薄気味《うすきみ》悪い雰囲気《ふんいき》が漂《ただよ》っていたのを覚えています。

NHK「幻解！超常ファイル『実録！魔女狩りの恐怖』」（2014.4.26）から

17 世紀のアメリカ、セイラム村の牧師に仕える奴隷の女性が、余興でアフリカ由来のオベアという妖術を見せたところ、少女たちが異常に興奮して痙攣を起こし、悪魔憑きの疑いがかけられる。

拷問から逃れるために、容疑者は他の村人を次々と魔女告発。約 200 人が逮捕。19 人が処刑された。

最後に大学教授が「社会不安に対する生贄《いけにえ》」などと解説して締めくくる。信仰深い人ほど危険な行動に走りやすいかのような誤解を与えかねない番組構成。

魔女裁判というのは、あまり気分のよいものではありませんが、当時、約二百人が逮捕《たいほ》され、十九人が、かつての〝火あぶり〟さながらに処刑《しょけい》されたようです。最初に数人の女の子たちがおかしくなり、「村人の誰《だれ》それに悪魔が憑《つ》いている」というようなことを言い出したため、調べが始まりました。

さらに、名指しされた人が、「ほかの人も魔女だ」というようなことを言って、逮捕される人の数がどんどん増えていったという内容でした。

それに対しては、「そうした魔女が存在すると思って処刑するような時代があったのだ。宗教や信仰心といったものも、気をつけないと、本当に非科学的でひどい迷信《めいしん》によって人々を害することがあるのだ」というような感じにも見える番組のつくり方をしていたのです。

ＮＨＫは「ルルドの泉」や「ローマ法王の奇跡《きせき》」も否定するか

大川隆法　ただ、それは一方的な捉《とら》え方ではないでしょうか。「その少女たちが何人かで『魔女を見た』と言っているのは、集団ヒステリーの一種だろうけれども、それ以上は分からない」という感じで片付けていたのですが、本当は、ここの点を探究できなかったら、意味がないと思うのです。「本当は何が見えたのか」というところが探究できなければ意味はないでしょう。

その番組のようなことを言うのであれば、例えば、「少女の前に聖母マリアが現れ、その近くの場所から泉が湧《わ》いて、病気が治る奇跡《きせき》が数多く出てきた」という、「ルルドの泉」のようなものもありましたが、こんなものはどうしてくれるのかということです。

「ルルドの泉」の奇跡

19世紀のフランス南部の小さな町ルルドで、14歳の少女ベルナデット（写真下）が郊外で聖母マリアと出会い、指し示された洞窟の岩の下から泉が湧いた。

ルルドの洞窟に祀られている聖母像（写真上）。

マリアと18回会ったベルナデットは修道女となり、死後、列聖された。この泉の水を飲むと、不治の病気も治る奇跡が起き、現在、この地はカトリック最大の巡礼地となっている。

また、最近の新聞に、「近年のローマ法王二人（ヨハネ・パウロ二世とヨハネ二十三世）が聖人《せいじん》に列せられた」という報道が出ていましたが、そのうちのヨハネ・パウロ二世については、「『病気が二人治った』という奇跡が確認された。その奇跡が起きた人はヨハネ・パウロ二世に祈《いの》りを捧《ささ》げていた」というようなことが書かれていました。

しかし、「病気が治った」というぐらいのことであれば、幸福の科学では、全国的に起きていることなので、精舎《しょうじゃ》の館長や講師、支部長などは、「聖人」だらけになってしまうでしょう。

幸福の科学の精舎
宗教修行の場として研修や祈願等が行われており、全国各地でさまざまな奇跡が報告されている。

ヨハネ・パウロ２世（1920～2005）第264代ローマ教皇（1978～2005在位）。宗教間の対話や世界平和を呼びかけ、死後わずか８年で列聖された。

斎藤　はい。確かに、「聖人」だらけになりますね。

大川隆法　もう、「聖人」が何百人も出てきて、ローマ・バチカンよりも、はるかに多くの「聖人」が、山のようにいることになります。

そういうことで、病気が二人治ったというだけで「聖人」になるらしいのです。こういうものもフェアに見ていかないといけないでしょう。

超常《ちょうじょう》現象を否定するＮＨＫの番組制作への反証が必要

大川隆法　そのように、この番組は、公共性や客観性にかなり欠けており、制作者の意図は、「超常《ちょうじょう》的現象をすべていかさま、インチキの類《たぐい》や、『科学的には立証できない』という結論に持っていきたい」というところにあるように見えます。

次には、ネッシーを連続で放送するそうですが、ネッシーに偽造《ぎぞう》写真、フェイクがあるのは、すでに分かっていることです。そこで、地元の土産物《みやげもの》屋等でネッシーを信じている人を大勢取材し、そういう写真を見せれば、「ほら、いるいる」と言うに決まっていますので、そう取材した上で、きっと、番組の最後に、「それはフェイクの写真だった」というところに落としたりするだろうと思います。つくり方を想像すると、そういう構成にすることが読めます。

これは、もしかすると、NHK内部の権力闘争も絡《から》んでいるのかもしれませんけれども、私のほうとしても、「何らかの反証は出したほうがよいのではないか」と思っています。こういうものについても、思想戦・言論戦として、やはり言うべきことは言っていくことが大事なのではないでしょうか。

ネス湖に潜む謎の生物を透視リーディングで探った『遠隔透視 ネッシーは実在するか』（幸福の科学出版）

2 File 01 青いフラフープのような光が見えて、金縛《かなしば》りが解けた

夜中に部屋のなかでグルグル回っていた謎《なぞ》の光る輪

大川隆法　前置きが少し長くなって、すみませんでした（手を一回叩《たた》く）。さて、雨の日にお集まりいただきまして、ありがとうございます。今日は、幽霊《ゆうれい》が出やすい雨の日です。こういう日は、幽霊話がいちばん向いているかと思いますので（手を一回叩く）、どんな体験をしたかを、順番に調べていきましょう。

斎藤　はい。本日は、心霊現象体験をなされた方が集まってきてくださっています。一番バッターは、青年局長の南無原《なむはら》みろくさんです。金縛《かなしば》りや霊視《れいし》体験等が非常に多数あり、少し聞いただけでも、〝大量〟の体験をされていますので、今日は、ぜひ、

真実を突《つ》き止めていければと考えております。

大川隆法　「神秘学・神秘思想」の頂点は、おそらくヘルメスだと思いますので、今日は、ヘルメス霊指導で、透視《とうし》、その他の調査をしたいと思っています。

それでは、話を聞かせてください。

南無原　お願いいたします。

私が幸福の科学に出会った九歳《さい》ごろ、小学校三年生ぐらいから、金縛りになることがとても増えて、小学生時代にはずっとよくあったんですが、直近では、数年前に、月刊「アー・ユー・ハッピー？」編集部にいたことがありまして……。

大川隆法　「アー・ユー・ハッピー？」（以下、「アユハ」と表

「アー・ユー・ハッピー？」知的に、美しく、豊かな女性になるための幸福へのヒントを提案する、幸福の科学の月刊女性誌。通称「アユハ」。

ヘルメス
古代ギリシャを中心とする地中海に一大文明圏を築いた王であり、エル・カンターレの魂の分身。商業・貿易における発展・繁栄の神であるとともに、エジプトに秘術をもたらした祖として崇拝され、プラトンなどのギリシャ哲学や、神学、占星術、錬金術等の秘教、神秘思想に多大な影響を与えた。

MUSÆUM HERMETICUM REFORMATUM ET AMPLIFICATUM.
FRANCOFURTI,
Apud Hermannum à Sande.
M DC LXXVIII.

『ヘルメス文書《もんじょ》』
古代エジプトのヘルメス・トリスメギストス（三倍偉大なヘルメス）に降ろされたという神示を中心とした文書。15世紀、フィレンツェのコジモ・デ・メディチが尽力してラテン語に翻訳、出版し、西洋に広まった。

幸福の科学・大阪正心館屋上のヘルメス像。

記)」。うん。

南無原　はい。ちょうどその時期は、誌面のリニューアルをするための準備期間だったんですが、三カ月間、ほとんどずっと金縛りに遭《あ》っていて。毎日ではなかったんですけれども、泊《と》まりに来た母もびっくりするぐらい、ずっとうなされているようなこともあったそうです。

大川隆法　ほお。

南無原　毎晩、「眠《ねむ》るのが怖《こわ》いなあ」と思ってはいたんですけれども、あるとき、うとうとしていたら、夜中の三時半ぐらいに、部屋のなかで、自分はベッドで横になっていたんですけれども、「青いフラフープ」というか、「スター・ウォーズ」のライト●セーバーみたいな色のフラフープがグルングルンと回っていまして、「ああ、これは何かが起きてる!」と思って……。

●ライトセーバー　映画「スター・ウォーズ」で、ジェダイの騎士たちが使う光の剣。

「写真に撮《と》りたいな」と思ったんですけれども、次にフッと目が覚めたら、もう朝になっていて、それ以降、金縛りはなくなりました。

大川隆法　金縛りがなくなった？　うーん。

南無原　はい。それからしばらくして、青年局に異動したてのときにも、一回だけ、同じようなフラフープが、同じ部屋のなかでグルグル回っていて、周りの仲間にも「これは何だろう」と話していました。

そういうことが起きておりまして、まあ、自分としては、金縛りというよりは、「あのフラフープは何だったんだろう」というのが、ずっと気になっていて……。

大川隆法　フラフープ？　場所は同じ部屋なんですか？　違《ちが》う部屋でも？

ベッドの上方で青く光るフラフープ状の輪が回っていた。

南無原　あっ、金縛りは違う部屋でもありましたし……。

大川隆法　うん。そのときは寝《ね》ている状態なんですか。

南無原　寝ていますね。

大川隆法　横になっている。

南無原　寝ているとき以外には、なったことはないです。

大川隆法　ふーん。フラフープが出てきたのは、最近の……。

南無原　「アユハ」編集部のときと。

大川隆法　「アユハ」にフラフープが……。うーん、なるほど。

南無原　あとは青年局に異動したあとに……。でも、それ以来、金縛りはなくなりました。

大川隆法　フラフープが出てから、金縛りはなくなった？　ちょっと珍《めずら》しいですねえ。うーん。

「金髪《きんぱつ》の小人《こびと》たち」と会った不思議な体験

南無原　それと、これは本当なのかどうか、自分でもちょっと分からないんですけれども、同じような小人《こびと》に三回会ったことがありまして……。

大川隆法　三回会ったことがある。

斎藤　大きさは、どのくらいの小人でしょうか。

南無原　自分の感覚では、大きさは、何か……（両掌《りょうてのひら》を上下にして二、三十センチほど開き、大きさを示す）。

斎藤　何だか、小人というより、もっとすごく小さいですね。

南無原　あ、小人って……。

斎藤　三十センチ？

南無原　あ、そんなにはない……。

斎藤　二十センチ？

南無原　距離《きょり》があったので、このくらいに思えるんですけれども……（再び両掌で大きさを示す）。

大川隆法　うーん。いわゆる宇宙人よりも小さい感じですか。例の「E《イー》.T《ティー》.（下図参照）」よりも？

南無原　いえ、何か、宇宙人という感じではなくて。

・〈小人体験①〉禅寺《ぜんでら》の畳《たたみ》の間《ま》を駆《か》け抜《ぬ》けていった小さな存在

南無原　一回目は五歳のときで、なぜか禅寺《ぜんでら》に連れて行かれまして……。夏の日だったんですけど、畳《たたみ》の部屋で待っていたときに、その横でカーテンがユラユラしていま

小型宇宙人（『「宇宙人によるアブダクション」と「金縛り現象」は本当に同じか』File01 から）

して、カーテンをじーっと見ていたら、白い服を着た金髪《きんぱつ》の女の子が、このくらいの……（再び両掌で大きさを示す）。

大川隆法　小さい金髪の女の子が？

南無原　右から左に駆《か》け抜《ぬ》けていって……。

大川隆法　アニメの「借りぐらしのアリエッティ」みたいな感じの……。

南無原　「あ、行っちゃった」という感じだったんですけれども……。

大川隆法　禅寺で……。それは昼間ですか。

南無原　真っ昼間です。

●「借りぐらしのアリエッティ」　メアリー・ノートンのファンタジー小説『床下の小人たち』が原作のアニメーション映画（2010年7月公開）。人家の床下を間借りして生活をする小人の少女と、人間の少年との交流を描く。

大川隆法　それなら、寝ているわけではない？

南無原　自分は座《すわ》っていたんですけど。

大川隆法　座っていたのね。

南無原　床《ゆか》に座っていました。

大川隆法　うん。

●〈小人体験②〉金縛《かなしば》りに遭《あ》ってベッドの下をのぞいたら……？

南無原　あとは、十歳のころ、小型犬を飼っていたんですけれども、犬がいないときに、よく金縛《かなしば》りに遭《あ》って……。

大川隆法　犬がいないときに金縛り……（笑）。

南無原　犬がいると、なぜか大丈夫《だいじょうぶ》なんですけど、いないときに金縛りに遭いました。心臓がとてもドキドキしてきて、何か気配《けはい》がしたので、ベッドの下をぐいっとのぞいてみたら、金髪の女の子が三人いて……（親指と人差し指を広げて大きさを示す）。

（会場どよめく）

「はあーっ！」と思ったら、壁《かべ》のほうにスーッと消えていってしまったことがありました。

ベッドの下をのぞくと、小さな金髪の女の子がいた。

大川隆法　うーん。

・〈小人体験③〉朝食中、電子レンジの横で見た

南無原　あとは、十六歳、高校一年生のとき、朝食を食べていたら、電子レンジの横に金髪の女の子がいまして（笑）（会場笑）……。

大川隆法　金髪の女の子ばっかりだね（笑）。それで？

南無原　それで、「ママーッ！」と言って……。

大川隆法　小人が「ママ」って言った？

南無原　あ、いえ、私がびっくりして（会場笑）。

大川隆法　ああ、あなたがね。

南無原　母に見せたくて、「来てーっ！」と呼んだら、もういなくなっていたという
ことが……。何か触《さわ》ったりしたわけではないので、あれなんですけど。

大川隆法　これは、体験が多くて一人でリーディングが終わってしまうかも（笑）。

斎藤　（南無原に）体験は、大きくはそんなところですか。

南無原　人生のなかでは、その「青く光るフラフープ」と、「あの小さな生き物はな
んだったんだろう」というのが、ずっと気になっていて……。

斎藤　「フラフープ」と「小人」ですね。大きくはその二点ですね。

大川隆法　なるほど。それは珍しいし、あまり日本的ではない感じがしなくもないですなあ。うーん。

斎藤　金髪の小人のような精霊《せいれい》なんですね。

「青く光るフラフープ」の正体を探《さぐ》る

大川隆法　それでは、上手に分けて、分析《ぶんせき》しましょう。まず、「フラフープ」から行こうか。それとも、小さいころのもののほうがいいのかな?

斎藤　まずは女性誌の「アユハ」編集部のときの体験で……。

南無原　はい、そちらのほうで。

大川隆法　「アユハ」の新創刊のときというのが、ちょっと〝嫌《いや》な感じ〟がしないでもない……。

斎藤　はい、します（笑）（会場笑）。「アユハ」の新創刊期、三カ月の準備期間中にフラフープが見えたとのことで。

大川隆法　うーん。それが気になると（笑）。まあ、これは、心理学者であれば、いいかげんに処理される可能性があるような話ではあるわけなんですが。

では、そのへんから行きましょうか。これから、南無原みろくさんのさまざまなる神秘現象についての透視リーディングを始めたいと思います。（瞑目《めいもく》し、左手を頭上に上げ、人差し指を立てたまま、ゆっくりと眉間《みけん》あたりまで下ろす。数度、指を前後させたあと、両手を組み、人差し指だけまっすぐ伸《の》ばした状態で、眉間の手前から対象者のほうへ向ける）

（約六十秒間の沈黙《ちんもく》）

●透視リーディング　六大神通力によって時間・空間を超越し、過去や未来の出来事などを透視し、状況を再現して語る霊的能力。

まず最初に……、「青いフラフープ」のところから入ってみようと思いますけれども（約十秒間の沈黙）。

うーん、確かに、私にも、視《み》えることは視える……、視えますねえ。少し斜《なな》め下から見上げるようなかたちで視えることは視えるので……。

でも、このフラフープは、単なる「輪っか」ではなくて、その内側が、何と言うか、レモンでも薄切《うすぎ》りにしたかのように、こう、部分が分かれているような感じにも視え、透《す》けて見える感じではありますね。

さあ、これは何だろう……。

（約三十五秒間の沈黙）

フラフープのように視《み》えていたものは「結界《けっかい》リング」

大川隆法　ああ……、これは「結界《けっかい》リング」というものですなあ。

斎藤　結界リングですか？

大川隆法　うん。「結界リング」というものがあるんですよ。「金縛り」とか、「悪霊《あくれい》憑依《ひょうい》」とか、そういうものに襲《おそ》われるときに、結界のつくり方が幾《いく》つかあるんですけれども、この手のものは、今、初めて視《み》ました。

これは「結界リング」というもので、映画の「ロード・オブ・ザ・リング」のようなものではありませんが、昔から、「リングにはある種の神秘的なパワーがある」というようには言われています。

ですから、このフラフープのようなもののなかに霊的存在が入ると、とても苦しむんですよ。要するに、これは、金縛りをかけてくるような霊存在、悪《あく》魔《ま》や幽霊、化《ば》け物、妖怪《ようかい》、その他いろいろとありますけれども、そういうものに対して、この結界リン

「ロード・オブ・ザ・リング」J・R・R・トールキン『指輪物語』が原作のファンタジー映画（2002年３月公開）。

グがその上を移動してきて、向こうのほうがスポッと被《かぶ》ると、封印《ふういん》されて、締《し》め上げられる感じになるものなんですね。

斎藤　封印されてしまうんですか。

大川隆法　うん。そちらのほうが締め上がってくるんですね。

斎藤　ああ。

大川隆法　リングのなかから出られなくして、締め上げて、そして、追い出すものであり、防衛《ぼうえい》で使われる「霊的な法具《ほうぐ》」の一つですね。

ただし、あまり日本的なものではなくて、やはり、ヨーロッパ系のものです。

これは、「結界リング」で間違いありません。

昔、こういうものを使ったことがあります。最近は使っていなくて、昔、よく使っ

●法具　宗教的儀式を執り行う際に使われる特別な道具や装身具のこと。

ていたんですが、悪魔憑《つ》き、および、そういう霊存在を縛り上げるのに、手裏剣《しゅりけん》みたいにして、霊的に投げるんですよ。この結界リングを投げて、ズバッと被《かぶ》せると、ギユーッと締め上げられてしまうんです。

斎藤　ヒュッと輪を投げるようなかたちですか。

大川隆法　そうそう。向こうが締め上げられて、「助けてくれ。もう二度と悪いことはしませんから」という感じになるんです。悪さをしにきたものを締め上げるときに使う道具の一つであり、逮捕術《たいほ》の一つですね。

斎藤　逮捕術。カウボーイか何かは、投げ縄《なわ》をヒューンと使っていますね。

大川隆法　そんなものに、少し似ていますね。
ですが、これは一種の「秘儀伝授《ひぎでんじゅ》」に当たるものなのです。

やはり、そういう結界リングは、許されないと使うことができないので、一種の秘儀伝授であり、昔の魔法の一つでしょう。しかし、秘儀伝授をされて、これを使うことが許されたら、防衛術として使えますね。小説や映画の「ハリー・ポッター」に出てきてもおかしくないものではあります。

ですから、そういう霊存在が来たら投げるんですが、このリングは、元は小さいんです。

斎藤　はい。

大川隆法　小さいのですが、投げると大きくなるんです。そして、相手の全身にスパーッと通るかたちになって、これに囲まれると、もう身動きが取れなくなるんですよ。

金縛りをかけにきていたはずの霊存在が、〝逆《ぎゃく》・金縛り〟に遭ってしまうんですね。これを二、三回やられたら、向こうのほうは、もう寄ってこなくなります。

「ハリー・ポッター」シリーズ
魔法使いの少年ハリー・ポッターの成長を描いたファンタジー小説。映画化作品は2001年から公開。

超《ちょう》古代からヨーロッパ辺《あた》りで使われていた秘儀《ひぎ》

大川隆法　でも、これは、かなり昔から使っているんですけどね。私は、一万年以上前から、これを使っています。

斎藤　（驚《おどろ》いて）一万年以上前ですか。

大川隆法　うーん。ここ二千五百年ぐらいは使っていないものなので……（会場笑）。

斎藤　そうですか（笑）。

大川隆法　これは、かなりの〝骨董品《こっとうひん》〟といいますか、古い道具なんですけど、これが出てきましたか。

これは、ヨーロッパのほうで使っていたものです。

法具の一種である結界リングを投げて邪悪な霊存在を捕縛する（上イラストはゴブリン）。

昔は、夜、寝ているときなどに、ゴブリン系統（邪悪《じゃあく》な小人の妖精《ようせい》）のもの、夢魔《むま》的なかたちでの妖怪などがよく出てきていたので、この結界リングを授《さず》けることがありました。これを渡《わた》しておけば、そういうものが出てきたときには投げつけて、相手を締め上げることができるのでね。これをやられると、向こうは来なくなってくるんです。

ですから、これで「金縛りが解ける」ということはあると思います。

対象者の「過去世《かこぜ》の魂《たましい》の意識」が身を守るために出している

大川隆法　「リング」というところで分かると思いますが、これは、女性が非常に欲《ほ》しがるものの一つではあるんです。

また、これが象徴《しょうちょう》するものとしては、一つには「愛」であり、もう一つは、「完全」です。「愛」と「完全」の象徴であり、「神の愛」と、「円形で守られている」ということを意味するものなんですね。

そうした儀式を、幸福の科学でもつくろうと思えば、つくれないわけではありませ

「愛」や「完成」を象徴する、さまざまなリングのかたち

フラワーリース　「始めも終わりもない神の愛」を象徴する。

エンゲージリング　「永遠に途切れることのない愛の誓い」を意味する。

シェンリング　「永遠の守護」を表す。多くは古代エジプトのホルス神が握っている。（ブルックリン美術館蔵）

光背《こうはい》（オーラ）　天使や菩薩などの体から発せられる後光《ごこう》。（ジョヴァンニ・ディ・パオロ画／大英博物館蔵）

メディスン・ホイール
ネイティブ・アメリカンに伝わる「聖なる輪」。すべての存在が調和し、つながっていることを表している。

エンジェル・リング
光背と同じく、頭上に描かれる光の輪で、天使や聖人等の高貴さ、神聖さを表す。（レオナルド・ダ・ヴィンチ画「受胎告知」）

ん。ニーズがあるなら、やらなければいけないとは思います。

この人の場合は、教えられていなくても、そういうものが出てきたわけですが、これは、昔の過去世《かこぜ》の経験から来たものだろうと思いますね。

斎藤　では、無意識にリングを出しておられるのでしょうか。

大川隆法　うーん、だから、昔の魂《たましい》の意識のなかに、その〝記憶《きおく》〟があるんだろうと思うので、自分を守るために出てきているのでしょう。

これは、「結界リング」というものなんですよ。これを、法具《ほうぐ》としてつくっても面白《おもしろ》いと思いますし、まあ、できないわけではありません。

「孫悟空《そんごくう》の緊箍児《きんこじ》」「日本のしめ縄《なわ》」に相当する

大川隆法　例の、孫悟空《そんごくう》の頭にかけたものがあるじゃないですか。あれは何でしたっけ？

斎藤　ええと……。

大川隆法　何と言うんでしたっけ？　「輪っか」がありますよね。

斎藤　はい。あります。

大川隆法　あのように（緊箍児《きんこじ》）、キュ－ッと締まっていくものです。

ただ、如意棒《にょいぼう》のように伸びる性質も持っていて、そういう、大きくもなり小さくもなる締まる円環《えんかん》で相手を縛るわけですが、これは、一つの逮捕術用の道具なんですね。

まあ、これは、ある程度、修行《しゅぎょう》すれば、

緊箍児　三蔵法師が暴れ者の孫悟空の頭に取り付け、悪さをするときなどに呪文を唱えて輪を収縮させ、言うことをきかせた。

霊的に使えるようにはなるものです。

系譜《けいふ》的にはヘルメス的なものであるので、ヘルメスに祈願《きがん》すれば、結界リングが使えると思います。

ですから、夜に金縛りに遭《あ》ったり、夢魔のようなものや悪霊がたくさん出てくるようなことがあったりしたなら、それに対する対抗策《たいこう》として、ヘルメスに祈願し、結界リングを相手にかければ、向こうは悪さができなくなり、逮捕された状態になります。

昔は、本当に多かったので、こういうものが必要だったんです。

日本であれば、これは、「しめ縄《なわ》」などに相当するものですね。

斎藤　ああ、なるほど。しめ縄で結界を張り、磁場《じば》をつくるわけですね。

しめ縄　神道において、神社周辺や禁足地、御神体等、神域と現世を隔てる結界づくりなどに使われる。しめ縄の間に垂らす紙（紙垂）で邪悪なものを追い払う。

大川隆法　縄が張ってあって、短冊《たんざく》のようなもの（紙垂《しで》）がたくさんついているでしょう？　あれが結界ですね。あれに相当するものなんですが、今回のものは、非常に西洋的なもので、おそらく、過去世と関係があると思われます。

斎藤　本人の「過去世の能力」と経験に裏打ちされたものが、無意識に出てきたということですね。

「アユハ」創刊時に「結界《けっかい》リング」が出てきた理由を探《さぐ》る

大川隆法　ただ、なぜ、「アユハ」に配属のときに来たかは、ちょっと分かりません。ただ、言えることは、『アユハ』自体が、ある意味で、それを読む人たちを守ろうとする雑誌ではある」ということです。読者を、悪なるものや悪霊的なるものから守ろうとして発刊された雑誌でしょうから、そういう意味で現れてきたのではないかと考えます。

ブルーに見えたのは、おそらく、「エーゲブルーの象徴」が出ているのではないかと思われますね。これについては、それで間違いないと思います。

斎藤　はい。（南無原に）「ヘルメス神の秘儀」の源流につながっていくものだということで、危険なものではないようです。

大川隆法　ええ。ですから、今の理由が分かれば、何度でも使えますよ。例えば、斎藤さんの生霊《いきりょう》が来たと思ったら……。

斎藤　（苦笑）ありがとうございます。

エーゲ海特有の明るく深みのある澄んだ水色は、「イージアン・ブルー」（エーゲ海の青）ともいわれ、ギリシャの伝統色の一つに数えられる。
かつてヘルメスは、愛について語るとき、よくエーゲ海の色にたとえたという。

大川隆法　その結界《けっかい》リングを投げて、「お腹《なか》のサイズが上がりましたねえ」なんて言いながら締め上げると、退散させることができます。

これは、そうだと思います。間違いありません。

斎藤　はい。

金縛《かなしば》りを受けやすいのは霊《れい》体質である証拠《しょうこ》

大川隆法　それから、その前に、金縛《かなしば》りがたくさんあったというのは、やはり、霊的《れいてき》な体質になっていた証拠《しょうこ》です。

特に、あなたのお父さんが幽霊好きだったため、いろいろなところに行っては、たくさん連れて帰ってきていたのではないかと思われます（笑）。

斎藤　あ、なるほど。そうですね。

大川隆法　ええ。家に連れて帰ってきていたと思われます。

斎藤　〝お連れ〟になって……。

大川隆法　それを感知していたのでしょう。

斎藤　幼少期からですね。

大川隆法　ええ。幼少期のころは、それが、「金縛り」というかたちで出ていたのではないかと思われます。

ですから、これは、霊体質の始まりであって、「金縛りを受けやすい」というのは、やはり、どちらかというと、いわゆる「チャネリング体質」のほうにやや近く、「霊体質で、受ける力、感じる力のほうが強い」ということを意味していますね。

一方、「念力《ねんりき》」のほうになると、それを跳《は》ね返すほうの力が強くなります。

●チャネリング　霊的世界の存在と交信し、その念いを伝える能力。その能力には段階差があり、悟りを開いた者が高級霊から高度な思想を降ろす霊言現象と、低級霊の類を口寄せするような巷の霊媒による霊現象とは区別する必要がある。

体がある程度大人になって、力や筋力などが増し、念力が強くなってくると、金縛りにかかる頻度《ひんど》も多少は減ってくるわけですが、小さいうちは、この「念返《ねんがえ》し」が十分にできないので、悪霊の影響《えいきょう》などを、もろに受けてしまうことがあるのです。

「幽霊除《ゆうれいよ》け」の役割も果たす犬の優《すぐ》れた能力

大川隆法　また、「飼っている犬がいるときには金縛りが現れにくい」ということですが、確かに、犬には、そうした霊が視えたり、感知したりする能力があるんです。

斎藤　犬は、霊が視えたり、感知したりするんですか。

大川隆法　ええ。私も、中学校三年生ぐらいまで、長らく犬を飼っていましたが、悪霊が来るときに、よく吠《ほ》えていましたね。犬が感知するんです。「番犬《ばんけん》」とも言いますが、昔から、犬を飼っておくことは、幽霊除《ゆうれいよ》けでもあったわけです。

斎藤　ああ。犬は、幽霊除けの使命も果たしていたんですね。

大川隆法　そうそう。感知するんですよ。だから、犬がいると、幽霊はとても嫌《いや》がります。

なぜかといえば、「ワンワンワンワン」と吠えられると、振動《しんどう》が起きますよね。

やはり、犬には、聴覚《ちょうかく》、嗅覚《きゅうかく》ともに、人間のものよりもはるかに高いものがあるので、人間が聞こえない振動数の音が聞こえ、においを嗅《か》ぎ分けます。

幽霊が現れるときには、「霊臭《れいしゅう》」という一種のにおいがするんです。天上界《てんじょうかい》の霊が来るときには、かぐわしい花園《はなぞの》のようなにおいが

犬の嗅覚は人間の２千〜１億倍、聴覚は３〜６倍の感度があるとされる。

することもありますが、地獄霊《じごくれい》が出るときには、それなりの、腐敗臭《ふはいしゅう》や死臭など、ヘドロのような嫌なにおいがすることもあり、犬は、こういうのを嗅ぎ分ける能力があるのです。

それから、もちろん、視力も、人間とは全然違いますので、闇夜《やみよ》にうごめくものを、よく見分ける能力があります。

そうしたものを見分けることができるので、「赤外線カメラにだったら写《うつ》るけど、肉眼では見えない」というようなものでも感知してくれます。

それから、近くで移動しているものがあり、それに一定の熱源《ねつげん》があったら、赤外線カメラと同じように、その熱量を持っているものが移動しているときに感知してくるんですよね。

すると、反応して、まずは吠える。吠えるときに、空気にものすごい振動が起きますので、これで、向こうの磁場が乱れるんですよ。磁場が乱れて、向こうが怖がることが多いですね。

それと、犬が吠えることで、周りの人間がみな、目が覚めたり、気がついたりして、電気をつけたり、起きてきたりするので、出にくくなってくるわけです。とにかく、幽霊が襲いかかってこようとしたりしているときに、犬がいて吠えたりすると、向こうはすごく嫌がりますね。

これは、幽霊も嫌がりますが、宇宙人も嫌がるんですよ。

斎藤　嫌がるのは、同じ原理なのでしょうか。

大川隆法　ええ。宇宙人も嫌がります。やはり、彼らも、一種のテレパシーや念力のようなものを使っているので、「バウワウ」と吠えられると、その統一状態が破られるんですね。

斎藤　では、声などを出して、「ワー」とか言ったほうがよいということでしょうか。

大川隆法　うーん、「突然《とつぜん》やられると逃《に》げる」というのは、熊《くま》と同じですよ。

斎藤　ああ、なるほど。

大川隆法　「鈴《すず》を鳴らすと逃げる」というのと同じで、統一状態が破れるのです。たいていの場合、催眠《さいみん》でコントロールしようとしていることが多いので、精神統一の状態が破れると、この催眠が破れるんですね。

犬は、そういう機能を果たしているわけです。

このあたりに関しては、「UFO」も「宇宙人」も「幽霊」も、同じようなところがあるかと思います。

「金髪《きんぱつ》の小人《こびと》」は対象者の魂《たましい》の出自《しゅつじ》と関係のある「妖精《ようせい》」

大川隆法　それから、小人《こびと》ですね。

斎藤　はい。三回ほど小人が目撃《もくげき》されています。

大川隆法　〝アリエッティ〟がいたかどうかを視《み》なければいけませんね。

斎藤　はい。「金髪《きんぱつ》の小人がいた」とのことです。

大川隆法　はい。では、その金髪の小人、金髪の小人、私の前に姿を現してください。

（顔の前で手を交差する。約三十秒間の沈黙）

あ、これは、あなた（南無原）が住んでいた〝国〟の子たちですね。

うーん、この人の霊界《れいかい》での住居の一つには、ディズニーランドに似たところがあるんですよ。全部ではありませんが。

斎藤　ほう……。一部が。

大川隆法　うーん、特に、西洋系のほうでは、そうしたディズニーランド的な、おとぎの国のような世界を一つ、この人は持っているんです。

そのディズニーランド的な霊界の世界と、妖精《ようせい》が出てきたりするような、歌や踊《おど》りなどの芸術系の世界、愉快《ゆかい》で楽しい世界とがリンクしているところがあるんです。

また、その妖精たちというのは、歌や踊りなど、そうした芸能系のいろいろなものも助けたりしているわけです。

日本でいうところの「東北の座敷童子《ざしきわらし》」と言ったら、少々イメージが悪くなりすぎるとは思いますが、こういう妖精たちがついてくる人は、芸能世界では「出世」するんですよ。歌がヒットしたり、踊りがヒットしたりするよう、妖精たちが助けているんです。

ですから、おそらく、幸福の科学学園のチアダンス部あたりも、そろそろ、こういうものとの縁《えん》がついているはずだとは思われます。きっと、ゾロゾロと出てきているのではないでしょうか。

このように、彼女たちは助けているんですよ。

斎藤　助けてくださっていると？

大川隆法　ええ、助けに来るんです。仲間であるし、仲間というだけではなくて、彼女たちにとってみたら、（南無原は）「いいお姉さん」なんですよね。だから、「お姉さん役」なんですよ。

強《し》いて言えば、「白雪姫《しらゆきひめ》と七人の小人たち」のようなもので、この人（南無原）を白雪姫とすると、（彼女たちは）その周りの、白雪姫を慕《した》っている妖精たちなんですね。

斎藤　はあ……。

2014年4月、第47回ミスダンスドリル米国際大会で総合優勝（中学）、ポン部門準優勝（高校）の快挙を果たした幸福の科学学園チアダンス部。創部4年で大きな成果を収めた。

大川隆法　したがって、これは、「本人の魂《たましい》の出身地と関係がある」と見てよいと思います。それが現れてきているのですが、様子を見にきているのでしょう。

これは、懐《なつ》かしくて来ているものもあれば、「何か、助けられないかなあ」と思って見にきているのもあるし、ただ、寂《さみ》しくて会いにきているものなど、いろいろなものがあります。

魂的には、当然、芸能系のものを持っていて、これは、自分だけではなく、ご両親からも来ていると思われますが、芸能系の魂の場合は、そうした別の世界からの助力を受けているケースが非常に多いのです。

『白雪姫』の７人の小人
グリム童話『白雪姫』に出てくる７人の小人たちは、身長１メートル程度、三角帽と長いあごひげが特徴で、スカンジナビア半島に伝わる「ドワーフ」の特徴を備えている。

ここまではっきりと、ディズニー映画によく似たような世界とつながっているんですから、今世《こんぜ》のお父さんは俳優ですけれども、過去世のお父さんは、きっと、ウォルト・ディズニーみたいな人だったかもしれないですね。そういう人が王様でもやっているようなときに生まれた可能性があるのではないかと思われます。ある意味でのお姫様だったことは間違いないでしょう。

ですから、これは、「そういう出自《しゅつじ》を一つ持っているということで、霊視ができた」ということでしょうね。

「あの世との通路」を遮断《しゃだん》する傾向《けいこう》がある学校教育

大川隆法　「小さいときほど、霊などがよく視える」というのはあって、これは、だんだんと失われていくものなんです。

十歳を過ぎると、だんだん視えなくなっていくことが多くなってきて、「物心《ものごころ》がつく」というか、大人のような考えができるようになるころに、だんだんと視えなくなっていくのです。五歳ぐらいまでが特によく視えるんですが、それを過ぎて、学校の勉強が始まると、視えなくなっていくのです。

学校の勉強には不思議なところがあって、「この世での生き方」を教えてはくれるのですが、結局、それによって、「あの世との通路」が遮断《しゃだん》されていく傾向《けいこう》があるんですね。

ともかく、金髪の小人は妖精であると思われます。

これは、霊的に修行を積めば、自覚してその世界に行くことも可能でしょう。睡眠《すいみん》中に魂が体外離脱《りだつ》して、その世界に行くこともできるので、そうすると、事実上、もはや〝ピーターパンの世界〟に入ってしまうことになりますね。

人類が小人《こびと》ほどの大きさであった時代もある

斎藤　ヘルメス神が地上にいたギリシャ時代の〝眷属《けんぞく》〟に、パンとアガペーという霊的な存在がおりまして、特にアガペーなんかの雰囲気《ふんいき》に、近いところがあるのですが。

大川隆法　そうですね。近いかもしれません。

斎藤　そういう存在はいるんですか。

大川隆法　妖精は、もうたくさんいるんですよ。種類もかなりあって、愉快《ゆかい》な仲間たちもいれば、少し怖めのものもいて、いろいろな種類がいるんです。

もう、これは、一つの世界なのでしょう。おそらく、この妖精のもとになるものが、実はあるんだと思います。

現生人類《げんせいじんるい》ではない、前の世代の文明のなかに、もう少し小さな生き物としての人類型の存在が生きていたんだと思うんです。

かつては「巨人族《きょじんぞく》」がいた時代もありましたが、何十センチかぐらいの小さい者たちや、一メート

パンとアガペー　パン（左）はキューピッドのような姿をした４～５歳ぐらいの妖精。アガペー（右）は小さなペガサスにまたがった20センチぐらいの妖精。アガペーたちはヘルメスを霊界に導き、修行の手助けをする。（大川隆法原作・製作総指揮の映画「ヘルメス 愛は風の如く」〈1997年公開〉から）

ルぐらいの者などが生きていた時代、「小人族《こびと》」で、妖精のもとになるぐらいのサイズの人類や、ホビットのような小型の人類が生きていた時代も、昔にはあったんですね。

そういう魂の痕跡《こんせき》が、妖精になったりしているのではないかと思われます。

これは、霊界探訪《たんぼう》すれば、そうした世界の見取り図を、もう少し解説することは可能になると思います。

対象者の過去世《かこぜ》の一つは「白魔術《しろまじゅつ》を使う存在」

大川隆法　いずれにしても、今日、聞いているかぎりでは、ヨーロッパ系の霊界、特に、「魔法《まほう》界」といわれるものとも関係のある世界のようですね。

ただ、魔法でも、悪いほうの魔法ではなく、白魔術《しろまじゅつ》系の魔法界と関係があったこと

妖精　コナン・ドイルの伯父でイラストレーターのリチャード・ドイル（1822～1883）が描いた「妖精の国で」から。

を意味していると思われるので、この人の過去世《かこぜ》のなかにも、おそらくは、白魔術を使える魔法使いであった時期があったのではないかと思われます。

そんなに悪いものではありません。

斎藤　悪いものではない？

大川隆法　そうではないので、心配することはないでしょう。

他宗教の霊《れい》が「幸福の科学霊界《れいかい》」に行くことを妨害《ぼうがい》していた

大川隆法　幸福の科学に出会ったころに、たくさん金縛りに遭《あ》ったということですが、おそらくは、幸福の科学に出会う前に、あなたのお父さんやお母さんが、いろいろな宗教などに出入りしたり、縁をつけたりしていたことと関係があるでしょう。霊的《れいてき》な道がたくさんついていて、いろいろなものが来ていたと思うのですが、やはり、幸福の科学の霊界《れいかい》のほうに入って行こうとし始めると、それに対して、何か妨害《ぼうがい》しようと

●ホビット　『指輪物語』に出てくる身長1メートル足らずの小人。丸顔で茶髪、裸足で小太りの姿をしている。陽気で、歌や踊り、食べることが大好きという。
●白魔術　雨乞い、病気治し、恋愛成就など、人々の幸せにつながるような魔法。

していたのではないかと思われます。

まだ教団が小さい段階では、いろいろと邪魔することもできたのでしょうが、大きくなってくると、「幸福の科学霊界」が出来上がってくるために、だんだんできなくなっていったということですね。

ディズニー的な魔法界《まほうかい》との関係が明らかになったリーディング

大川隆法　全体的な判定として、今回は、宇宙人とは、特に関係がないと思われます。いわゆる魔法界《まほうかい》といわれるほうの世界、まあ、これも、種類がたくさんあるのですが、そのなかでも、特に西洋のあまりいやらしくないほうの、ディズニー的な部分の魔法界と関係のあるものではないかと思われます。

人を喜ばせたり楽しませたりするような、歌ったり踊ったりすることと関係のあるほうの魔法界に、何か足場を持っておられると思います。

今世も、多少はそういう使命を持っているのではないかと思うので、青年局でしっかりと〝魔法〟を使ってくだされば……。

斎藤　（南無原に）ディズニーは大好きですよね？

南無原　はい。

大川隆法　うーん……。

斎藤　南無原さんご自身から発せられる、その「明るさ」と「優《やさ》しさ」があれば魅了《みりょう》されますので。

大川隆法　ええ。きっと、魔法はかかっているのではないでしょうか。青年局に入った人は、次々と、コロコロコロコロと、かかっているかもしれませんね。

斎藤　大人気です。

大川隆法　ええ。そうでしょうね。

斎藤　はい。

大川隆法　おそらく、そうだと思います。〝霊力のソース（源泉《げんせん》）〟は、かなり深いところから流れていますからね。

ヘルメスとの縁が非常に深いので、もし、霊的に困ったようなことがありましたら、やはり、ヘルメスをお呼びになったらよろしいかと思います。

斎藤　（南無原に）お困りの場合には、「ぜひ、また、ヘルメス神のお名前をお呼びください」とお教えいただきましたので。

大川隆法　「一種の霊覚者《れいかくしゃ》の一人」だということですので、今後の仕事の仕方や、立場、立ち位置にもよるでしょうけれども、何らかのかたちで、その霊的な能力が役に立つ場合もあると思います。

ただ、その場合、女性ということもあって、一部、恐怖心《きょうふしん》があるために、やはり、ある程度は守られていないと全開にはならないでしょう。そのあたりのところはあるだろうという感じはしますね。

斎藤　はい。ありがとうございました。

それでは、今後、ますますのご精進《しょうじん》を期待しております。

南無原　はい。

3 File 02 ニューヨークで経験した「不思議な現象」

「二度の金縛《かなしば》り」に遭《あ》った新入職員

斎藤　それでは、次に、二人目の心霊《しんれい》現象体験者である溝田賢吾《みぞたけんご》さんです。本年、入局した方で、現在、仮配属《かりはいぞく》中です。

大川隆法　ああ、新入職員ですか。

斎藤　はい。（溝田に）それでは、ご体験のほうをお願いします。

溝田　つい、二、三日前に体験したのですが……。

大川隆法　ほう。二、三日前ですか。

溝田　はい。二、三日前、「ポルターガイスト現象を経験したことがある人を探している」という連絡《れんらく》が回ってきたのですけれども、そもそも自分は、「ポルターガイスト現象」というものを知りませんでした。

大川隆法　ええ。

溝田　「何だろうな」と思い、今、一緒《いっしょ》に住んでいるルームメイトに教えてもらい、「ああ、そういう現象があるのか」と、そのとき初めて知ったのです。

そうしたら、その日の晩に、突然《とつぜん》、眠《ねむ》れなくなって……。

大川隆法　眠れなくなった？

溝田　はい。そして、金縛《かなしば》りに遭《あ》いました。

私は、人生で、ほとんど金縛りに遭ったことがなく、今までに一度ぐらいしかなかったのですが、そのとき、人生で二度目の金縛りに遭ったのです。

大川隆法　ああ、そうですか。

溝田　その後、一時《いっとき》して、無事に解けたのですが、さらに、その夜、二度目の金縛りにかかってしまいました。

大川隆法　二度目の金縛りにかかった（笑）。

溝田　「これは、おかしい」と思い、ルームメイトの名前を、ずっと呼んでいたのですが、相手には、全然、聞こえていなかったらしくて……。

大川隆法　うーん。

溝田　そして、また、時間がたち、どうにか、二度目の金縛りも解けたのですが、「これは、おかしい」と思い、すぐに、『正心法語《しょうしんほうご》』のＣＤをかけました。

　すると、ルームメイトも起きていて、「おかしいよね。何かいるんじゃないか」という話になり、電気を点《つ》け、「仏説《ぶっせつ》・降魔経《ごうまきょう》」と「悪霊撃退《あくれいげきたい》の祈《いの》り」を上げて、「修法《しゅうほう》『エル・カンターレ ファイト』」を行《ぎょう》じさせていただき、また布団《ふとん》に戻《もど》ったのです。

　それでも、なかなか眠れず、深夜の二時前ぐらいだったので、「もう眠れないから、経典《きょうてん》を読もう」ということになり、二人とも経典を読み始めると、だんだん眠くなってきて、無事に眠れました。そういう「結

『仏説・正心法語』は幸福の科学の根本経典（三帰誓願者限定）。全編が九次元大霊の仏陀意識から下ろされた言魂で綴られ、これを読誦することで霊的な光が出てくる。「仏説・降魔経」は本経典に収録。「悪霊撃退の祈り」は信者限定の『祈願文』に収録。エル・カンターレ信仰に基づく修法により、悪霊を撃退する力が与えられる。（本書 P.159 参照）

末」です（笑）（会場笑）。

大川隆法　うーん……（苦笑）。

溝田　ただ、なかなか金縛りに遭わない私が、ポルターガイスト現象の話を聞いた直後に、二度も、金縛りに遭ったので、これは、何か……。

大川隆法　宗教法人に就職すると、そんなものは当たり前というか、まあ、日常茶飯《さはん》事《じ》で起きるものです。それは、自覚を促《うなが》すために起きる場合もあるし、向こうのほうから、お邪魔虫《じゃまむし》でやってくる場合もあるし、両方あります。

ポルターガイスト現象を日常的に体験している私

大川隆法　ちなみに、二、三日前でしたら、私も、夜、家内《かない》と「ＮＨＫが、ポルターガイスト現象などを否定する番組をやっているね」などという話をしていました。

その後、ベッドルームに入ったのですが、ベッドの右側には、小さなサイドテーブルがあって、そこには上向きの裸電球《はだか》に笠《かさ》がかかっているライトがあります。

それは、下のところにあるスイッチを、ねじを回すように回して、点けたり消したりする調光《ちょうこう》タイプのものなのですが、まもなく、家内が入ってきて、それを回し、ライトを消しました。

そして、家内は、左側へ行って寝たのですけれども、一、二分すると、消したはずのライトが、パッと点いたのです。

私には、「ライトが点いたな」と、すぐに分かったのですが、「家内には黙《だま》っておいたほうがよい」と思い、黙っていました。

ところが、横にいる家内が、「今、急にライトが点いたんじゃない？」と言ったのです。

私は、「分かった？　点いたね」と……（笑）。

斎藤　何もしないで、ですか。

大川隆法　ええ。何もしていないし、触《さわ》ってもいません。
それに、これは、スイッチをねじを回すようにして点けたり消したりするライトなので、少しぐらいの振動《しんどう》で点いたりするようなタイプのものではないのです。

斎藤　それでは、パッとは点きませんね。スイッチをきちんと回転させないと点きませんから……。

大川隆法　それが、パッと点いたので、家内と、「急に点いたね。ポルターガイストの話をしていたからかな」と話していたのですが、「点いたから、なんだ」と思い、私は、ライトに向かって、「消えろー！」と言ってみました（笑）。すると、点いていたライトが、一瞬《いっしゅん》、フッと暗くなって（会場笑）、それから、また点いたのです。
完全には消えなかったのですけれども、フッと薄暗《うすぐら》くなって、一瞬、消えたので、電気系統は、かなり「念力《ねんりき》」と関係があるのだと思います。

スイッチが回っているところを見なかったので、よくは分からないのですが、いったん、完全に消したあと、何時間もたってから点いたわけではなく、すぐに点きました。

ただ、私のところでは、そのようなことはよくあるのです。

例えば、「廊下《ろうか》を人が歩いている」と思って見たら、誰《だれ》もいなかったり、「誰かが、ドアをノックしたな」と思って見たら、誰もいなかったり、天井《てんじょう》から、いろいろな音がしたり……、こんなことは、山のようにあります。

まあ、「宗教生活」とは、そのようなものですのでね。

斎藤　（溝田に）「宗教法人とは、そういうところだ」ということです（会場笑）。

大川隆法　そうです。私のところは、「本殿《ほんでん》」なので、何でも来ます。外国の大統領●の生霊《いきりょう》までやってくるぐらいですから、何が締《し》め上げに来たって、おかしくない状態ですし、近くにお墓もあるので、たくさん、〝ご挨拶《あいさつ》〟に来ているのかもしれませんが、彼らは相手にもされていません。何かが、「悪さ」をして帰っているのかもしれ

●**外国の大統領の生霊**　一例として、2013年10月27日、韓国の朴槿惠大統領の生霊（『政治哲学の原点』参照）。ほかにも、オバマ大統領やプーチン大統領等の守護霊をはじめ、世界各国の要人の守護霊が相談・交渉に来ることがある。

ないし、それは分かりませんけれども、まあ、一般論《いっぱんろん》としては、よくあることです。対象者がニューヨークで体験した、もう一つの不思議な出来事

大川隆法　ただ、せっかくのフレッシュな体験なので……。

斎藤　（笑）

溝田　実は、もう一つ経験があるのですが……。

斎藤　ええ!?　もう一つ？　（溝田に）では、どうぞ。

溝田　去年（二〇一三年）の九月ごろ、ニューヨークに行っていた時期があったのですが、その当時、寝ていたベッドの足下《あしもと》に荷物を置いていました。

それは、ビニール袋《ぶくろ》だったのですが、そのあたりから、ずっと、カサカサカサカサ

という音がしていたのです。

大川隆法　ええ。

溝田　「これは、ネズミの仕業《しわざ》かな？」と思ったのですが、何度見ても、ネズミが逃《に》げた姿や気配《けはい》はありませんでした。

二日目になって、また、音がしたので、「どうにかして確かめたい」と思い、電気も点けずに、そーっと近づいていくと、そのビニール袋が置いてあるほうから、スーッと何かが近づいてきた感覚があり、目の前を、何かが通り過ぎていったのです。

さらに、泊《と》まっていた家のドアは、すごく開《あ》きにくい、重いドアで、絶対に人の力でないと開かないものなのですが、勝手に、スーッと開いて、先ほど通り過ぎた何かがスッと通っていき、そのまま、閉《し》まりました。

大川隆法　（笑）

溝田　「あれは、何だったんだろう」という……。そういう不思議な現象も体験したことがあります。

大川隆法　（笑）これは、ほとんど、あの〝映画の世界〟ですね。あれは、何でしたでしょうか。

斎藤　「ゴースト／ニューヨークの幻《まぼろし》」でしょうか。

大川隆法　映画でいうと……、「エクソシスト」ですね。

斎藤　悪霊現象のほうですね。

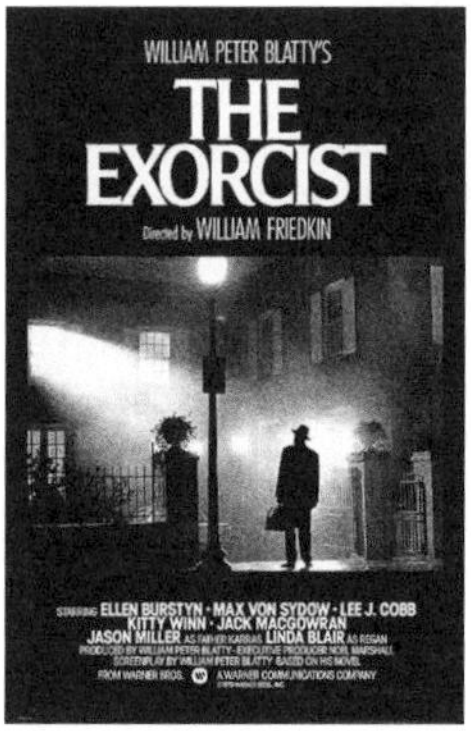

「エクソシスト」
アメリカのホラー映画（1973年公開）。少女に憑依《ひょうい》した悪魔と神父の壮絶な戦いを描いた作品。エクソシストとは「悪魔祓いの祈禱師」の意味。

大川隆法　「エクソシストの世界」に入っていますね。

斎藤　最初のお話で、だいぶ時間を取ってしまいましたが、どちらかというと、今の後半のほうが〝重要〟でしたね（笑）（会場笑）。

対象者を金縛《かなしば》りにしていた者の「意外な正体」と「目的」

大川隆法　いちおう、念のため、チェックしてみたいと思います。

斎藤　はい。よろしくお願い申し上げます。

大川隆法　（額《ひたい》の高さで合掌《がっしょう》し、右手を下にずらす）この方が、最近、体験したことの真相と、去年、ニューヨークで視たものの正体を明らかにしたまえ。

（約三十秒間の沈黙《ちんもく》）

二、三日前のものは、あなたの守護霊《しゅごれい》ではないでしょうか。

斎藤　守護霊が金縛《かなしば》りを……（笑）。

大川隆法　ええ。守護霊が、本人を〝デビュー〟させたくて……。

斎藤　ああ、〝デビュー〟させたくて！

大川隆法　（ポルターガイスト経験者を）募集《ぼしゅう》していたので、〝デビュー〟させたかったのでしょう。

斎藤　では、これは守護霊のご配慮《はいりょ》なのですね？

大川隆法　みんなに、顔と名前を売りたくて、守護霊が協力的に演出なさったように感じます（会場笑）。

斎藤　（溝田に）守護霊の演出です！（会場笑）

大川隆法　新入職員として、いち早く、みんなに注目され、目立ちたいではないですか。

斎藤　ああ。

大川隆法　だから、協力的な守護霊が頑張《がんば》って、〝恐怖《きょうふ》体験〟をつくってくださっていたように視《み》えますね。

同室の人もいたから、面白《おもしろ》がってやったのかもしれませんが。まあ、これは、「宗教法人に入ったということの決意」を試《ため》すとともに、「仕事に対する自覚を与《あた》え、かつ、ＰＲをする」という目的のために起きた現象かと思われます。

斎藤　なるほど。

霊的《れいてき》現象に振《ふ》り回されず、コントロールすることも悟《さと》りのよすが

大川隆法　今後、そういうことが続くようでしたら、守護霊《しゅごれい》が、あなた（溝田）に、それに対して防御《ぼうぎょ》したり、対策を立てたりすることを促《うなが》しているのだと思うのです。

あなたは、先ほど、「『正心法語』のＣＤをかけた」とか、「『仏説・降魔経』などの経文《きょうもん》を上げた」とか、いろいろと言っていましたが、実際上、そういうもので治まるところなどを体験してもらいたいのでしょう。

私の三男（大川裕太《おおかわゆうた》）も、本当は、「六大神通力《じんつうりき》」を全部持っているのですが、小学校の高学年から、「使わないように」と言って、ずっと抑《おさ》えさせています。

彼は、「金縛りが起きたら、寝たまま、『仏説・降魔経』を頭から唱《とな》えていくと、だいたい、最後までたどり着く前に、金縛りは解ける」と言っていましたが、だいたい、

●六大神通力　天眼、天耳、他心、宿命、神足、漏尽の、六つの超人的な力のこと。六神通。（『太陽の法』〔幸福の科学出版刊〕第４章「悟りの極致」参照）

そういうものなのだと思うのです。

実体験として、「どのくらいで効き目や効能が出てくるのか」ということを知ってほしいのかもしれません。

彼は、臨死状態ではないのに、生きたまま（魂《たましい》が）体から抜《ぬ》け出して、「今、天井から下を見ていた」と言ったり、「家に入ってきたら、リビングのテーブルの上に、金色のお釈迦《しゃか》様が浮《う》いているのが見えた」と言ったり（笑）、そういう経験をたくさんしました。

そのため、「社会生活が危険になるから、もう、そのあたりで抑えなさい。あまり幽体離脱《ゆうたいりだつ》をしていると、戻ってこられなくなったり、その間に、（ほかの霊に）体のなかに入られ、乗っ取られたりする恐《おそ》れがあるから、喜ばずに、あまり出ないようにしなさい。いわゆる、『漏尽通《ろじんつう》』のほうを、もう少し磨《みが》かないといけない」と言って諭《さと》し、抑えさせているのですけれども、やはり、相変わらず、感度はよいようではあります。

このように、いろいろな現象があるのですが、「それに対して、どのように対応す

●**漏尽通**　仏教に言う、高度な智慧の力によって、肉体煩悩を滅尽する能力。霊能力を持ちながらも、通常人と同じように偉大なる常識人として生活できる力でもある。

れば、それが解けたり、抑えたりできるか」というような、霊的な現象に対応することと、あるいは、能力をコントロールすることも、おそらく、一つの悟《さと》りのよすがになることはあるのです。そこで、「このようにすれば、こうなる」とか、「これは、この程度で治まる」とか、「退散《たいさん》する」とか、「消える」とか、そういうことを知ることが大事なのです。

職業として、宗教法人に入ったので、いちおう、その〝洗礼《せんれい》〟が始まっているのでしょう。

だから、もう一段……、まあ、あなたには、〝マゾッ気《け》〟を少し感じるので、もっと〝いじめ〟が激しくなったら、斎藤さんのような、〝偉大《いだい》な霊覚者《れいかくしゃ》〟（笑）になれる可能性があるかもしれませんね。

斎藤　（苦笑）いえいえ。

大川隆法　これが、最近の体験についてです。

ニューヨークでの体験にかかわっている「二つの霊《れい》存在」とは？

大川隆法　では、次に、ニューヨークで視たものです。

斎藤　はい。去年のニューヨークでの体験について……。

大川隆法　（両手の人差し指と中指の両方を立てて、交差することを繰《く》り返しながら）ニューヨークまで行って、そのような体験をしたというのは、どういうことでしょうか。

「ニューヨークで、目に見えない霊《れい》が、足下でカサカサと動き、そして、人の力でなければ開けることができない重いドアが、勝手に開いた」と言っております。これは、幻覚《げんかく》だったのでしょうか。現実に起きたことなのでしょうか。

（左手で片合掌し、右手の甲《こう》を対象者に向けながら、左掌《てのひら》に指先で円を描くように

回す。約四十秒間の沈黙）

私には、白い毛がふさふさした、太った、大きな猫《ねこ》みたいなものが視えます。

うーん……。これは、何なんだろう。

（約十秒間の沈黙）

うん……。

（約十秒間の沈黙）

足下でカサカサと動いたものとして、今、視えているのは、白い毛がすごくふさふさした、太った猫のようなものです。

おそらく、これは、生きてはいないものではないかと思うので、これが、まあ、一種のポルターガイストのような現象を起こしていたのではないかと推定されます。それと、ドアが開《あ》くほうは、どうなのでしょう？　〝猫〟は、ドアまでは開けられないはずです。「ドアが開いた」というのは、どう見ますか。

（約十五秒間の沈黙）

視えてくるのは男性……。

斎藤　ああ、男性ですか。

大川隆法　男性で、カウボーイハットを被《かぶ》っていて……。

斎藤　カウボーイハット？

大川隆法　ええ。そして、いわゆる、あのチョッキを着ています。

斎藤　西部劇のような？

大川隆法　そうです。西部劇のような……、ああ、拳銃《けんじゅう》を腰《こし》に差している男性で、ジーパンみたいなものと革靴《かわぐつ》を履《は》いているのが視えます。さらに、胸に保安官のようなバッジが視えるので……。

斎藤　保安官バッジですか。

大川隆法　ええ。保安官バッジのようなものが視えます。
　これが、その開いたドアのところに立っているのが視えるのですけれども、顔のところだけが……、今、暗くて、表情が見えません。

今、部屋のなかから視ているからだと思うのですが、外見は、カウボーイハットに、ああいう革のチョッキ。腰には、ガンを持っていて……。ああ、この人は左利《き》きですね。左のほうにガンベルトがあって、ガンが差さっています。ただ、抜いてはいません。

それから、ジーパンのようなものを穿《は》いて、革ベルトのようなものをしており、保安官バッジのようなものを着けているところまで視えます。

霊《れい》の素性《すじょう》と対象者の前に現れた理由を探《さぐ》る

大川隆法　（右手を溝田にかざし）顔が視えない。今のところ、後ろのほうは薄明るいのですけれども、顔が視えません。

（かざした手を反時計回りに回しながら）顔を視せてください。

（約五秒間の沈黙）

ニューヨークの宿泊先に現れたカウボーイハットの保安官の霊。

顔を視せてください。

（約十五秒間の沈黙）

うーん……。

（約十秒間の沈黙）

この人は、あなた（溝田）に関係ある人なのではないでしょうか。うーん……。

（約十秒間の沈黙）

（溝田に）アメリカに生まれた記憶《きおく》はありませんか。ない？

ああ、そんなことを言われても分かりませんよね。でも、記憶は特にない？

溝田　はい。ありません。

（約十秒間の沈黙）

大川隆法　訪ねてきたのかな？

斎藤　ああ、この方（溝田）を訪ねてこられたのですか。

大川隆法　おそらく、訪ねてきたのだと思われます。

斎藤　はあ。

大川隆法　この保安官のような人は、あなた（溝田）を訪ねてきたと思われるのですが、なぜ、訪ねてきたのか……。

（約五秒間の沈黙）

どうですか。何のご用で来ましたか。どういうご縁《えん》がありました？

（約十五秒間の沈黙）

（溝田に）今、あなたには、アメリカに何か縁がありますか。例えば、あなたの経歴なり、仕事なりに、何か……。

斎藤　なぜ、ニューヨークに行かれたのですか。

溝田　もともと、カナダに行っていたのですが、「せっかく、カナダまで来たので、ニューヨークにも寄ってみたいな」という気持ちになり、一週間、寄っただけです。

斎藤　旅行ですか。

溝田　はい。旅行です。

大川隆法　うーん。〝関係〟を説明してください。〝関係〟を説明してください。なぜ、現れましたか。

（約十五秒間の沈黙）

うーん。まだ、ニューヨークが、もっとずっと昔のころだと思うのですけれどもね。インディアンから、ものすごく安い値段で、ニューヨークを買い取ったあと、開拓《かいたく》していた時代に関係があるのではないかと思うのですが……。

保安官バッジを着けた男性と対象者との「過去世《かこぜ》での関係」

大川隆法　どういう関係ですか。

（約十秒間の沈黙）

「あなた（溝田）が、そのカウボーイをしている人のおじさんだったのだ」というようなことを言っているのですが……（笑）。

斎藤　つまり、この方（溝田）は、過去世《かこぜ》において、アメリカに生まれていたということですか。

大川隆法　ええ。生まれていたということでしょうね。「おじさんだ」と言っています。

うーん……。そうですねえ。職業上、犯罪人などを捕《つか》まえて、処刑《しょけい》することもあったのだけれども、処刑するときに、「バイブル（聖書《せいしょ》）」を読み上げているのは、どうも、この人のような感じが……。

斎藤　処刑の際に、隣《となり》で、「バイブル」を読んで……。

大川隆法　ええ。「天国へ行けますように」と、「バイブル」を読んでいるような感じに視えるのです。

斎藤　ああ。読み上げ役だったのですね。

大川隆法　そういう関係なのではないかと思われますね。

そういうのが、彼の過去世のなかに、一つあるのではないでしょうか。そういう役のような感じです。

ただ、今のような、発展したニューヨークではなく、ずっと昔、インディアンから土地を買って、まだ、開拓している時代のニューヨークですね。

斎藤　開拓している最中《さいちゅう》ぐらいの……。

大川隆法　ええ。だから、だいぶ古いと思われます。

おそらく、彼は、聖職者なのではないでしょうか。

19世紀のニューヨークの様子を描いたリトグラフ（イーストリバー付近）。

斎藤　この方（溝田）が？

大川隆法　おそらくね。

斎藤　牧師さんか何かでいらっしゃった可能性がある……。

大川隆法　そのため、「帰ってきた」と思ったのでしょう。まあ、そんな感じかな。「帰ってきた」と思ったか……。

斎藤　（溝田に）アメリカは好きですか。

溝田　好きです。

斎藤　好きですか（笑）。

溝田　ただ、特別に……。

斎藤　特別に、好きというわけではない？

溝田　はい。特別に好きだという感情はありません。

大川隆法　うーん。

斎藤　英語は好きですか。

溝田　はい。英語を勉強するのは好きです。

大川隆法　ああ。

斎藤　なぜ、アメリカへ行ったのですか。

溝田　やはり、「一度は、ニューヨークに行ってみたい」という気持ちがあったので……。

斎藤　『聖書』は好きですか。

溝田　いえ、特には……。

斎藤　（笑）そうですか。

「過去世《かこぜ》」と「適性」をPRしている対象者の魂《たましい》

大川隆法　旅行には一人で行ったのですか。

溝田　一人で行きました。

大川隆法　一人で行けるとは、大したものですよね。

斎藤　わざわざ、カナダからニューヨークに移り、一人で一週間も行きたいというのも、なかなかですね。よっぽどの動機がないと……。

（溝田に）何か目的があったのでしょうか。単に、「行ってみたい」というだけですか。

溝田　そうですね。「ニューヨークを見てみたい」という思いがあったので……。

大川隆法　うーん。この二つの体験を見ると、この人の魂《たましい》系統は、今、ＰＲに努めていると見たほうが……（会場笑）。

斎藤　ＰＲですか（笑）。なるほど。

大川隆法　ええ。ＰＲに努めていますね。

斎藤　分かりました。

大川隆法　露出《ろしゅつ》を増やそうとしていると考えられます。

斎藤　事前の「ポルターガイスト現象体験者募集」のときには言わなかった体験を、今、この収録の場で、いきなり、「アメリカでの話」が出たので、少し驚《おどろ》きましたけれども……。

まあ、宗教修行《しゅぎょう》をよく積んで、ＰＲしつつも、実力をつけていくことが大切です（会場笑）。

大川隆法　「縛り首《くび》にあった」というわけでもないし、殺されたインディアンというわけでもないようです。

どうも、そのカウボーイとは身内であり、かつ、そういう、お見送りをするような職業をしていたのではないかと思われます。

そういう意味で、「過去に、聖職者の経験がある」ということと、「海外適性が高い」ということをＰＲしているのではないでしょうか。

斎藤　なるほど（笑）。分かりました。

（溝田に）これを機に、国際伝道への情熱を燃え立たせて、ぜひ、頑張ってください。

溝田　はい。ありがとうございます。

大川隆法　はい、以上です。

斎藤　ありがとうございました。

4 File 03 家のなかで立て続けに起きる「怪奇《かいき》現象」

引っ越《こ》した家で起きた「さまざまな怪奇《かいき》現象」

斎藤　それでは、三人目は、幸福の科学出版の平井祥子《ひらいさちこ》さんです。お座《すわ》りください。

（平井が席につく）「この方が現在の住まいに引っ越《こ》してきてから、不思議なことが相次ぎ、さまざまな怪奇《かいき》現象が起きている」ということであります。

大川隆法　怪奇（苦笑）。怖《こわ》いですね。

斎藤　それでは、その事情につきまして、お話しいただければと思います。どうぞ。

平井　はい。七年ほど前に、今の住まいに引っ越してまいりまして、その当初に電化製品等が次々と壊《こわ》れました。風呂釜《ふろがま》も壊れ、ガスレンジも壊れ、台所の蛍光灯《けいこうとう》とか、エアコンとか……。「よく電化製品が壊れる所なんだな」と思ってはいたんです。

その後も、毎月、廊下《ろうか》やトイレ、脱衣所《だついじょ》などの電球がすぐに切れたので、月に何回か取り替《か》えつつ過ごしていました。

脱衣室の扉《とびら》はほとんど開けっぱなしで閉《し》めることがなかったのですが、ある日、閉めてみたら、壁《かべ》一面に、何と言いますか、「赤茶色の模様」がたくさん……。

大川隆法　え？　脱衣所の何を閉めたらですか。

平井　脱衣所の扉を閉めたら、後ろの壁が出てきて……。引き戸だったので、そのときに初めて壁を見たら、何かすごい「赤茶色い染《し》み」がたくさんついていたのです。子供が見たら、きっと泣いて怖がると思ったので、掃除《そうじ》はしたんですけれども。

それ以来、電球が切れることは、それほど頻繁《ひんぱん》ではなくなったんですけれども、私自身が、テレビのドキュメント番組やニュース番組などを観るたびに、〝差し込《こ》み〟

が起こるようになって……。

大川隆法　〝差し込み〟が？

平井　あ、頭痛《ずつう》です。それが悪い内容、よい内容にかかわらず……。どこでそれが起こるのかが分からなくて……。

大川隆法　分からない？

平井　はい。「ちょっと困ったなあ」と思いながら……。

斎藤　先ほどの発言で、「赤茶色の模様」とありましたが、今回の対象者に選ばれる際には、「壁紙の痕《あと》が〝血痕《けっこん》〟のようだ」とおっしゃっていましたけれども……。

大川隆法　ホーンテッド・ハウス（お化《ば》け屋敷《やしき》）のようなものですか。

平井　そうですね。

大川隆法　いったいどんな家へ移ったのでしょうか（苦笑）（会場笑）。

住んでいる家の状況《じょうきょう》について対象者に訊《き》く

大川隆法　自宅は東京でしょう？

平井　はい。東京です。

大川隆法　東京で、そんな家がある？

斎藤　品川《しながわ》区だそうです。

大川隆法　いまだに、そんな家があるのですか。年代ものではなくて？

平井　そうではなく、普通《ふつう》のアパート、マンションなんですけれども。

斎藤　ところで、先ほどの「壁の染み」は、本当に血痕のような雰囲気《ふんいき》に見えてくるんですか。

平井　そんな雰囲気に見えました。

斎藤　子供が驚《おどろ》いて泣いてしまうよう

怪奇現象が続発することで有名な各地のホーンテッド・ハウス

茶色のドレスを着た女性の霊が出るといわれるレインハムホール（イギリス）

修道女や馬車の霊をはじめ、膨大な心霊現象が起きたというボーリー牧師館（イギリス）

多くの黒人奴隷を拷問にかけて殺害した邸宅周辺に無残な姿の幽霊が出没したラローリー邸跡（アメリカ）

処刑場の跡地で、死刑になった霊などが出没するというホエーリーハウス（アメリカ）

な？

平井　そのような感じです。（壁の）真ん中から上にかけて血が飛び散ったような感じ……。

斎藤　それは、単に、掃除《そうじ》をしなかったということではないのですか（会場笑）。

平井「業者の人も、入る前に見なかったのかな」と思いながら、ちょっと不思議な……。

大川隆法　それはアパートのようなものですか。それとも一軒家《いっけんや》ですか。

平井　四階建てのアパートです。

大川隆法　四階建て。ほかにも住んでいる人はいるのですね。

平井　います。不動産屋は、「そんなことはない」と……。

斎藤　それは、不動産屋さんに確認したわけですか。

平井　そうです。その〝血痕〟については確認していないんですけれども、電化製品のほうは……。

大川隆法　何階に住んでいるのですか。

平井　いちばん上の四階です。

大川隆法　いちばん上の四階に住んでいる人は、何世帯ですか。ほかにもいるのですか。

平井　四部屋あって……。

大川隆法　四部屋あって、あなたがた以外にもいるのですか。ほかの家族はいるのですか。四階に住んでいるのは、自分たちだけですか。

平井　そうではないです。

大川隆法　ほかにもいるわけですね？

平井　はい、います。

大川隆法　ほかの家族も。三家族ぐらいいる？

平井　はい。

大川隆法　それで、おたくには、今、何人いますか。

平井　四人家族です。

大川隆法　四人家族で住んでいるのですか。そうですか、七年前にねえ、うーん……。

電気系統の反応は、マイナス面での「霊的《れいてき》な意思表示」がよく表れる

大川隆法　もしかしたら、ほかにも同じような所はあるかもしれません。

私のところは、もう少し近代的な建物になってはいるのですが、本当に〝切れるべき日〟に電球がよく切れるのです。

すでに子供もだいぶ大きくなりましたが、昔、中学受験や高校受験などで〝落ちる〟

ときに、電球が切れたのです。

斎藤　そうですか。

大川隆法　（笑）本当です。「あら、電球が切れた。ああ、〝落ちた〟」と言ったら、だいたい当たっていました。

また、お風呂の湯で下水《げすい》に流れるものが逆流して上に吹《ふ》いて出てきたので、「あ、落ちた！」と思ったら、やはり落ちていることもありました。

あるいは、義理の父親が倒《たお》れた日には、エレベーターが故障して動かなくなりました。エレベーターが途中《とちゅう》で動かなくなったので、「これは、何かあったのではないか」と言っていたら、「雪の日に倒れた」というような連絡《れんらく》が入ったのです。

このように、電気系統は、いろいろな事件やマイナスのことなどによく反応するのです。

以前にも話したことがあるのですが、私の実の兄が徳島《とくしま》で亡《な》くなったときも、私が夜中に目が覚めてトイレへ行ったら、電球が切れました（『神秘の法』〔幸福の科学出版刊〕参照）。そのとき、デジタル時計を見たら、四時四十四分でした。「４４４」と三つ並んでいるのを見て、さすがに、「ああ！　嫌《いや》だなあ」と思ったら、明け方ごろに亡くなっていたわけです。

そして、その日の正午ごろ、兄は霊体《れいたい》で東京にやって来ました。半透明《はんとうめい》のかたちで、どのくらい飛んできたか分かりませんが、お昼に来ました。

そのときに、「亡くなったかな」と思いました。「４４４」という数字などめったに合わないでしょう。起きてトイレに行ったら、そんなことがあったわけです。

電気系統は、「霊的な意思表示」がよく現れる媒体《ばいたい》のようです。幸福の科学大学に工学部系等ができて、このあたりについて、何か理由があるのなら、説明していただきたいと思います。やはり、少し分かりかねるところはあります。

『神秘の法』（幸福の科学出版）

家のなかに視《み》える、五人の「幕末期の霊《れい》」とは

大川隆法　それでは、せっかくですので、その〝ホーンテッド・ハウス〟を調べてみましょう。

そういう現象は最近は減っているのですか。ずっと同じ状態ですか。

平井　最近は減っています。

大川隆法　そこは、すでにあなたが入る前に亡くなっている人などがいる所ですか。そんな所ではない？

平井　そうではないと思います。

大川隆法　品川辺りであれば、今、昔のお墓などを整地して、そのあとにたくさんつ

くっていますから、どこに建っているか分からないですね。

平井　（思い出して）自宅の裏の看板に、何か小さな宗教の本拠地《ほんきょち》のようなものが書いてあったような……。

大川隆法　ああ、そんなものがあるのですか。

平井　はい。そこで集団生活をしている感じです。

大川隆法　そうですか。それは、悪い所へ行っているかもしれないですね。なるほど。そうですか。

それでは、何か理由があるかどうかを視《み》てみたいと思います（瞑目《めいもく》し、両手を胸の前から顔のあたりにかけてゆっくりと動かし、両掌《りょうてのひら》を顔に向ける）。

（約五十秒間の沈黙《ちんもく》）

一体、二体、三体、四体……。一、二、三、四……、五。一、二、三、四、五。あなたの家族以外に〝五人〟います。

平井　え？

大川隆法　いるんです。あなたの家族以外に〝五人〟いるんです。

斎藤　五人もいらっしゃいますか。

大川隆法　家のなかに〝五人〟います。ほぼ住みついています。

斎藤　「同居している」ということですか。

大川隆法　うーん……。そのあたりに、何か権利があるのではないかと思われます。そのあたりにいるべき権利がある方なのではないかと思われますので、いわゆる地縛《じばく》●霊《れい》に匹敵《ひってき》するものでしょう。その土地や建物、場所に関係があって、いまだに自分が「そこに住む権利がある」とか、「そこに生きている」とか、「そこにいるものだ」とか思って、一緒《いっしょ》に生活しているつもりでいる人たちです。

この地上から離《はな》れないでいる人たちには、「自分の家だ」と思って住んでいるようなところがかなりありますので、そんなに古い建物ではないのかもしれませんが、その場所に関係がある霊だと推定されます。〝五人〟ぐらいですね。〝お馴染《なじ》みさん〟は、だいたい五人ぐらいだと思われます。〝五人〟ぐらいいます。

それで、うーん……、（約十秒間の沈黙）年代的には、うーん、その霊になった人たちが生きた年代は……、「〝血痕〟が見えた」とか言っていましたが、確かに、時期的には、幕末ぐらいに相当すると思いますね。そのあたりに相当するので、刀で斬《き》ったりするような事件があるような時代かと思います。

●地縛霊　自殺霊など、死んでも特定の場所に執着があって離れられない霊。

壁に付着する血痕のような染みと、幕末ごろの侍と思われる５人の霊。

家の近くにある「宗教」との関係を探《さぐ》る

大川隆法　それで、（約五秒間の沈黙）やはり、家の後ろの宗教が少し気になりますね。これは、何宗でしょうか。

（平井に）仏教系ですか。何系ですか。

平井　ええ……、近くに天理教《てんりきょう》もあるのですが……。何とか宗といって……。

斎藤　先ほど、「同居生活をしている」とおっしゃっていたと思いますが。

平井　はい。そんな感じです。小さい子もいたりするので。

大川隆法　天理教ではよく研修のようなもので一緒に住むことがあります。ホテルへ泊《と》まらずに、自分たちで住むことが多いのです。

斎藤　「伏《ふ》せ込《こ》み」と呼ばれている研修のようなもので、一緒に住んで奉仕《ほうし》する場合もあります。

平井　（思い出した様子で）「〇〇教」と書いてありました。

大川隆法　〇〇教……。よく分からないですが、うーん。まあ、でも、たぶん、感じ的には嫌がらせをしていると思います。おそらく嫌がらせだと思われます。だから、あなたがいるために、基本的には、「向こうから見れば聖域《せいいき》を侵《おか》している。当会から見れば浄化《じょうか》している」という戦いが、その空間で起きているのではないかと思われます。

幸福の科学も、品川区、港区《みなと》辺りに磁場《じば》を張っていますし、この辺りは、昔、寺町でもあったので、宗教、神社仏閣が多いところです。そのため、さまざまな宗教が混在し、お墓や霊園などがあちこちにあるので、霊的にもいろいろなものが行き交《か》って

●伏せ込み　天理教において、見返りを求めずに、一心に、社会に対する奉仕活動を行うことで、大きな実りになるという思想。一定期間、研修で伏せ込みの修練をするものもある。

いるのでしょう。

おそらく、最初は、「脅《おど》して、薄気味《うすきみ》悪がらせて、出て行かせようとしたのではないか」と推定はしていますが、今のところ、力的に拮抗《きっこう》しているか、あるいは、やや優勢に転じつつあるかというところかと思います。

だから、あなたがもう少し強くなってくると、あちらのほうが〝立ち退《の》き〟をしなければならなくなるのではないでしょうか。

その場所と関係があった「地縛霊《じばくれい》」が正体

斎藤　この「五人の霊《れい》」と、「その宗教」との関係というのは、特にないのでしょうか。あるいは、二つの要因が合体して「磁場」を荒《あ》らしているということでしょうか。

大川隆法　やはり、関係がある可能性はあると思います。

今、アパートがある所と同じかどうかは分かりませんが、やはり、お墓か何かがあったのでしょうか。その人たちが亡くなることに関係したものがあった辺りだと思います。たぶん、近所にあったと思われますので、地縛霊《じばくれい》ですね。そこにアパートが建ったのだと思います。

それらは、アパートに住んでいたわけではなく、それよりももっと前だと思います。たぶん、百年、百五十年前の者たちでしょう。

これは、しかたがないでしょう。幸福の科学は、かなり陣地《じんち》を張ってしまいましたし、今のところ、私たちにはほかのところに行く予定はないので、「迷わず成仏《じょうぶつ》したまえ」と言って、追い出すのもしかたのないことです。

もう少し資金が潤沢《じゅんたく》になれば、よいところへ移ってもよいとは思いますが……（笑）。

「信仰結界《しんこうけっかい》」をつくって追い払《はら》うことが大事

斎藤　質問なのですが、今なお、五人の霊体は、その家にいらっしゃるのですか。

大川隆法　はい。視えます。

斎藤　（平井に）今もいるそうです。

平井　そうですか（会場笑）。

大川隆法　ですから、追い払《はら》うところまでの力はなくても、負けるほど弱くはないということです。負けるほど弱くはないですが、今のところ、追い払うところまでの力はないようです。

ただ、今はやや優勢《ゆうせい》です。判定としては、優勢に進めている感じです。その霊たちは「怖がって出て行ってくれるといい」と思っているのですが、なかなか出て行ってくれないので、いろいろとやっているわけです。

ただ、今、その〝五人〟を突《つ》き止めました。私に見つかったのだから、もう「終わり」ですよ。

斎藤　はい。

大川隆法　もう「終わり」です。

斎藤　七年間、努力されたかいがありましたね。原因が分かりました。

大川隆法　私に見つかったら「終わり」ですよ。すでにいることは分かっていますから。

それらは、その新しい宗教に属する方か、あるいは、その磁場で亡くなった方か、葬《ほうむ》られた方かもしれませんが、たぶん、悪《あ》しき磁場であることも少しはあるのだと推定します。

やはり、先ほどの方（File01南無原《なむはら》）ではありませんが、一種の結界《けっかい》をつくってしまうことが大事だろうと思います。つまり、「信仰結界《しんこう》」をつくってしまうわけです。

「ここは、あなたがたのいる所ではありません。

もう、時代も変わっています。

すでに、亡くなってから、おそらく百五十年以上がたっていると思われます。

だから、ここにいても、よいことなど何もありませんよ。

電球が切れても、何にも怖くありません。

血痕のまねをしたものが見えても、何にも怖くありませんよ。

人間は永遠の生命《せいめい》を持っていて、この世に生まれては修行《しゅぎょう》をし、必ず死んで、あの世に還《かえ》らなければいけないものです。

『いまだに、あの世に還ることができずに、地縛霊となって建物や土地に取り憑《つ》き、この世で徘徊《はいかい》をしている』というのは、人間として最低の姿ですよ。

ですから、自分の生きた人生をしっかりと反省して、天国へ行くなり、地獄《じごく》へ行くなり、きちんと判断をしてください。

そして、修行すべきところで修行をし、落ち着くべきところに落ち着きなさい。

陰《かげ》ながら、幸福の科学のほうでもご支援《しえん》いたします」

そういうことを念じていればよいと思います。

エル・カンターレの名において障《さわ》りを起こさないように命じる

大川隆法　今のところ、この程度の〝障《さわ》り〟で、向こうには、人を殺せるほどの力はないと思われます。

やはり、「幸福の科学の職員だ」というところが、けっこう強みでしょう。

つまり、あなたを「呪《のろ》い殺そう」とすると、ほかにも当会の〝同僚《どうりょう》〟がたくさんいて、そのあたりの力が入ってき始めるので、それはできないと思われます。

ですから、「諦《あきら》めよ」と言って、引導《いんどう》を渡《わた》すことが大事です。

それを嫌《いや》がり、〝五人〟が順番に夢に出てきて、あなたがいろいろと苦しみ始めるのであれば、また、考えなければいけないかもしれません。

その人たちは〝先住者《せんじゅうしゃ》〟ではあったのかと思いますが、「時代が変われば、いつまでも、この世に執着《しゅうちゃく》してはいけないのだ」ということを言い返さなければいけないでしょう。

はい、終わりです（右手の人差し指で星形を切る）。

この〝五人〟は出て行きなさい！（右手の人差し指を突き出す）

今後、障りを起こさないように。

エル・カンターレの名において、障りを起こさないように命じます。

立ち去りなさい!!

（約五秒間の沈黙）

はい。

斎藤　ありがとうございます。平井さん、本当によかったですね。

平井　はい、ありがとうございます。

星形（五芒星）は、黄金比が含まれる図形であり、神の美を表す神聖な形として、古くから世界各地で魔除けや災厄除けに用いられてきた。日本においては、陰陽師・安倍晴明判紋は有名。

斎藤　七年の忍耐《にんたい》とご努力が実りました。ますます光を広げられるように頑張《がんば》ってください。

平井　はい、頑張ります。

斎藤　応援しております。ありがとうございました。

5 File 04 引き出しを開《あ》けていないのに、開《ひら》いている？

「引き出しが勝手に開いている」という不思議な現象

斎藤　それでは、最後に、エル・カンターレ信仰《しんこう》伝道局のAさんです（Aが席に着く）。

Aさんは、現在住んでいるマンションで、ラップ現象●があったそうです。「ドーンというようなラップ音が聞こえてきた」という体験をされていますので、詳《くわ》しく教えてください。

A――　子供のころから、そういう現象を体験することが多く、実家に住んでいるときには、ロウソクの炎《ほのお》が勝手にポンッと灯《とも》ることがありました。ラップ現象については、日常茶飯事《さはんじ》だったので、それほど、不思議な感じには思わなかったです。

●ラップ現象　何もない空間で、ひとりでにある種の音が鳴り響く心霊現象。

また、真冬の十二時ぐらいだったのですが、アルバイト先からバイクで帰ってくるときに、前のほうから、きれいな青い光が降りてくることがありました。天上界《てんじょうかい》から降りてくるような感じです。空から降りてくるような感じのものを見たこともあったので、そういう現象を、それほど気にはしていなかったのです。

ただ、雌伏館《しふくかん》（幸福の科学の精舎《しょうじゃ》）に入居《にゅうきょ》して驚《おどろ》いたことがありました。白いローチェスト、サイドチェストのような引き出しがあるんですけれども、あるときから、急に開《ひら》きっぱなしになっていることが多くて……。

大川隆法　開きっぱなし？

A――　はい。開《あ》きっぱなしになっているんです。引き出しが出た状態になっているので、「子供たちが忘れている」と思って、子供たちに注意をしたら、「そういうものは開けていない」と言うのです。妻に訊《き》いても、「知らない」と言っていました。

それからは、引き出しが開いているのに気づいたときには、自分で閉《し》めるようにしていたんです。ところが、ある朝、起きたときに、また開いていたので閉めたところ、ほんの一分ぐらい、そこから目を離《はな》した隙《すき》に、違《ちが》う引き出しが開いていたんです。

大川隆法　（笑）（会場笑）

A――　（笑）それで、「これは、何かあるな」と思って、二、三日ほど様子を見たんですけれども、かなり、いろいろな引き出しが開いていまして……。

それと同じぐらいのときに、妻と子供が体験したんですけれども、「夜、私が『ただいま』と声をかけて帰ってきた」と言うんですね。みんなは私の姿を見ていません。私はそのまま自分の部屋のドアを開けて入っていき、そのあと出てこなかったそうです。

それで、「おかしいな」と思って、みんなでその部屋に行くと、誰《だれ》も部屋にいなかったため、急いでそのとき帰宅中の私に電話をしてきたことがありました。

そういうことがあったので、その霊的《れいてき》な存在に対して、私は、「何か霊的なものが

夫が帰宅する前に、家族は「ただいま」という声を聞いた。また、引き出しが勝手に開いた。

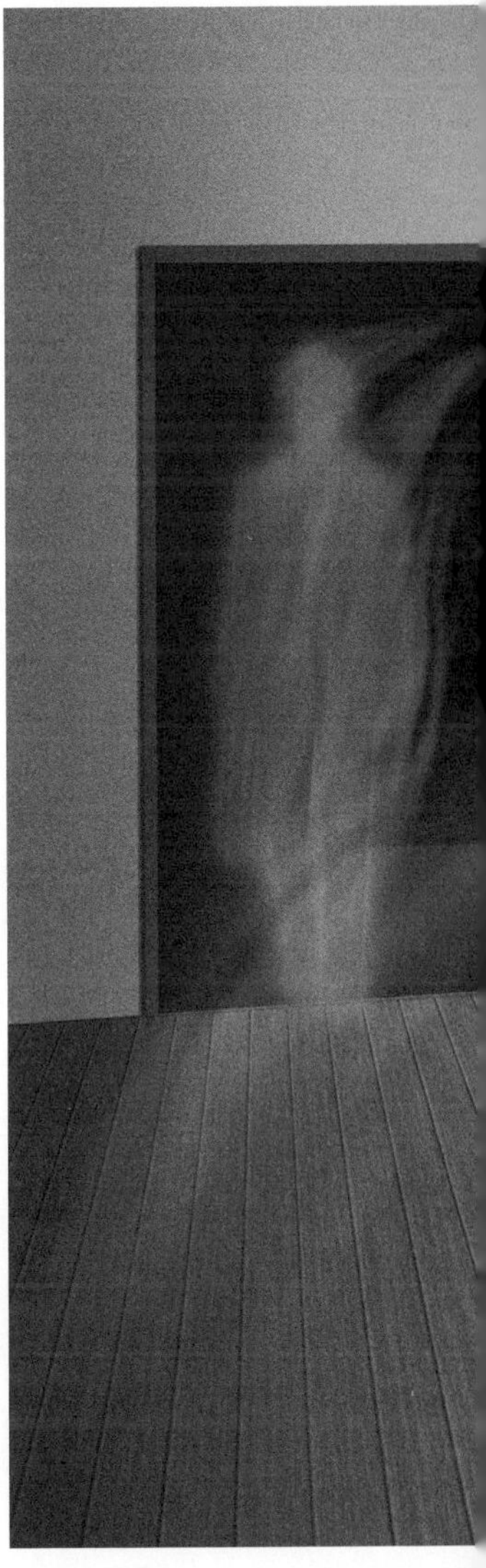

いたずらをしているんだな」と思って叱《しか》ったのです。そうしたら、しばらくは止まりましたが、また起き始めたので、もう一回、強く叱ったら、それで終わったんです。

引っ越《こ》し後、何かが窓にドーンとぶつかる音がする

A――次に、そこから、今のマンションに引っ越《こ》したときにもありました。

引っ越し業者が来る前に、私が先にマンションに入っていたのですが、待っている間に、少しうたた寝《ね》をしてしまったら、ガヤガヤといろいろな人の声が聞こえるんです。

「これは多くの〝人〟がいるな。引っ越しが終わったあと、何かしなければいけないな」

と思いまして、各部屋に『正心法語《しょうしんほうご》』（幸福の科学の根本経典《きょうてん》）を安置《あんち》して結界《けっかい》を築き、さらに御本尊《ごほんぞん》を安置したんです。

それで、だいぶ雰囲気《ふんいき》が変わったんですけれども、それでも何かが入ってきている感じがして、子供も「怖《こわ》い」と言うので、全部の窓に、『正心法語』を安置していったんです。

そうしたら、その日の夜に……。寝室《しんしつ》で寝るときには、私の頭のほうに窓があるのですが、そこに対して「ドーン」と外からぶつかる音がするんですね。それで私は目が覚めました。最初は「夢かな」と思って、また寝ようとしたのですが、もう一度、「ドーン」とぶつかる音がして……。

「これは、日ごろ入ってきている何かが、『正心法語』を安置していることを知らずに入ってこようとして、ぶつかっているのかな」という感じがしました。

それくらいです。あとは、今のところ、何もないんですけれども。

大川隆法　そうですか。

斎藤　かなり……。いろいろなことが起きております（会場笑）。

大川隆法　ありますね。当会の総務は、かなり安く上げているのではないでしょうか（会場笑）。安い所を探して、いわくつきの所ばかり借りているとか。

斎藤　いえいえ（笑）、これも〝修行《しゅぎょう》〟です。

大川隆法　家賃がやたらと安いので、「おかしいなあ」と思いながら、「まあ、いいか」と思って入れている可能性があるかもしれません。多少、行き違いがある可能性もなきにしもあらずかとは思います。

最初に住んでいた所では、「あなたが外から帰ってきて、部屋に入ったが、本当は帰っていなくて、あなたに電話をかけたら、かかった」ということですね？

Ａ――　そうです。まだ、私は家に帰っている途中《とちゅう》でした。

大川隆法　みんなは、「もう家に帰っていたと思っていた」というのですか。

Ａ――　はい。そうですね。

大川隆法　それはちょっと……。

斎藤　泥棒《どろぼう》とかではないですよね？　そういうことではないですよね？

Ａ――　雌伏館なので、なかなか泥棒は入りづらいと思うんですけれども。

大川隆法　確かに（雌伏館には）人がほかにもいることはいますからね。

斎藤　そうですね。私も雌伏館にいたとき、一回、違うご家族の子供が知らない間に部屋のなかに入ってきて、寝ている私のお腹《なか》の上で跳《と》んでいたことがありました（会場笑）。

大川隆法　本当に、そんなことがあるのですか（笑）。

A――　私も一度だけ、違う階の同じ位置にある部屋に間違って入ったことがありますけれども。

斎藤　そういうことではないですね？

A――　そういうことではないみたいです（笑）。

大川隆法　確かに引き出しがよく開くことは、若干《じゃっかん》、不思議な感じがしないでもありませんが、それが嫌《いや》であれば、鍵《かぎ》を付ければいいんでしょうけれども……。

どうでしょうか。雌伏館には、私もいたことがありますから、そんなことがたくさん起きたら大変なのですけれども。

長女の「霊的《れいてき》な能力」が起こしている可能性がある

大川隆法　分かりました。いちおう調べてみましょうか。

あるいは、「あなたと家族の体質の問題」「霊《れい》体質の問題」かもしれません。

それでは始めます（瞑目《めいもく》し、額《ひたい》の前あたりで合掌《がっしょう》する。その後、合掌した手を口の前あたりまで下ろす）。


（約六十秒間の沈黙《ちんもく》）

この人（A）というよりは、子供のほうにすごく「霊感」を感じるのですが、すごく霊感の強い子がいませんか。

A――　長女は、小さいときに、幸福の科学のいろいろな祈願《きがん》によく行っていたのですが、「悪霊撃退祈願《あくれいげきたいきがん》」に行ったときには、導師《どうし》が「エル・カンターレ ファイト」（幸福の科学における悪霊祓《あくれいばら》いの修法《しゅうほう》）を行うと、泣きながら指を差していました。何かを追っていたんですね。それで、支部長が、「（悪霊が）〝吹き飛んで〟いっているんだ」という話をしていたことはございました。

大川隆法　うーん、その長女かなと思いますが、幾《いく》つかの能力を持っているような感じがするので……。

斎藤　霊的な？

大川隆法　霊的な能力……。

斎藤　サイコキネシス（念動力《ねんどうりょく》）、ＰＫ（psychokinesis）と呼ばれるものですか。

大川隆法　そうです。

日本人にはわりに少ないのですが、「ポルターガイスト現象は、年ごろになる前の少女などが起こしやすい」とよく言われているのです。

だいたいそのくらいの子が家にいることが多く、実際、その子の念動力が起こしていることがよくあるのです。

だから、何かが引き出しをいちいち開けるようないたずらをすることもあるかもしれませんが、何らかのＰＫ、念動が起きて

心霊現象の解明に取り組んだ学者

心理学者カール・グスタフ・ユング（左）は、突然、テーブルが割れたり、食器棚のナイフが４つに破断（下）したりする現象を見たのが、霊的現象に興味を持つきっかけになったといわれる。下は、ユングが文通していたライン博士あてに送った写真。

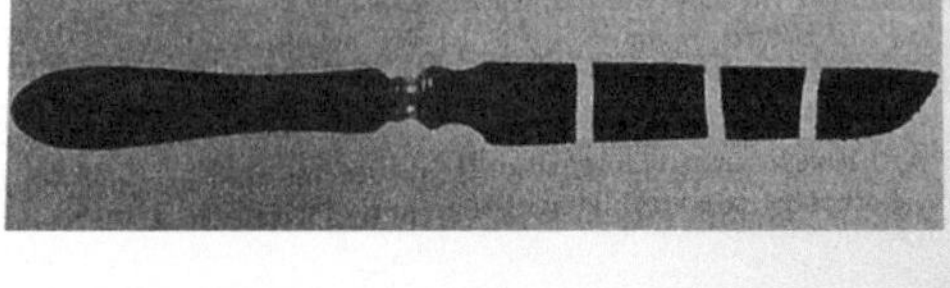

「近代超心理学の父」といわれるアメリカのジョゼフ・バンクス・ライン博士（上）は、サイコロやESPカード等を使ってPKや超感覚的知覚の存在証明に努めた。

いる可能性を感じます。

おそらく、霊視《れいし》でも、普通《ふつう》の霊視ではなく、やや「未来予知的な霊視」のようなものが利《き》くのではないかと思われます。しばらく先の時間に起きるようなことが視える「既視感《きしかん》」の逆のようなことがあるようです。そういう感覚を持っているのではないかと思います。

「パパが帰ってきて家に入ってくる」というのが、先に視えてしまうようなところは、時間感覚がずれていますね。

斎藤　既視体験である「デジャヴ」とは違いますけれども、そうした……。

大川隆法　はいはい。「これから起きることなのに、すでに起きたように見えてしまう」ということがあると思うのです。

でも、こういう能力は、年とともにだいたい消えていくことが多いのです。大人になっていくと、しだいに薄《うす》れていって出なくなってくることが多いので、何とも言え

●既視感（デジャヴ）　実際は一度も体験したことがないのに、すでにどこかで体験したことがあるように感じること。

ないのですが、父親の職業から見ると、消えずに存続していくことも可能性としてはありえます。父親が〝面白《おもしろ》がる〟と、それが消えずに存続する可能性もないわけではないでしょう。

普通は、だいたい、親が否定するので、出さないようにしているうちに、だんだん出なくなっていって、大人になって消えていくことが多いのですけれども、父親がそれを喜ぶ体質だと、なかなか消えないことはあって、もっともっと、そういうものが発揮されることがあると思われます。

ですから、霊的なものもあるかもしれないけれども、どうも、その子供のほうに、霊的な「サイキック」（念動）能力と、「霊視」を含《ふく》めての「近未来予知」の能力みたいなものがあるように、私には視えますね。

「霊感《れいかん》の強い人」が取るべき道とは

斎藤　何か「悪いもの」、「霊的《れいてき》な悪影響《あくえいきょう》」ではなくて、その子供が持っている能力によって、ポルターガイスト現象が引き起こされてくるということですか。

有名なポルターガイスト事件

1977年、イギリスのハーパー家では、家具が勝手に動いたり、壁を叩く音が聞こえたり、寝ている子供が宙に浮き上がるなど、さまざまなポルターガイスト現象に襲われた。現象の解明のために来た心理学者や牧師、カメラマン等の目の前でもさまざまな現象が起きたが、原因は究明できなかった。

1848年、アメリカ・ニューヨーク州に住むフォックス家の三姉妹のうち、次女・マーガレットと三女・キャサリンが、ラップ現象による交霊で、殺人事件の死体の場所を当てるなどしてセンセーションを巻き起こした。

心霊現象の解明に取り組んだ学者

陰極線の研究で有名なウィリアム・クルックス（1832～1919）は、心霊現象のトリックを暴く目的で研究を始めたが、現象を事実と認定し、支持者に転じた。

1984年、アメリカ・オハイオ州で、マスコミのインタビュー中、少女の目の前で電話が宙を飛んだ写真が世界に配信されて有名になった。

大川隆法　うーん。いや、どちらにでも働く可能性は、当然あると思います。どちらにでも働く可能性はあると思いますが、子供時代は、心が「純粋《じゅんすい》」だと、わりに、そういうものが働きやすいことが多いのです。家が「霊的な生活」をしているので、それが非常に通りやすいのだと思います。

外側での生活がだんだん長くなってくると弱ってくるはずだけれども、心配されるのは、大人になったときに、そうした霊体質が治っていない状態の場合、一般世俗《いっぱんせぞく》のほうで生活すると、「普通の生活」がかなり厳しくなるというか、悪霊が話しかけてきたり、いろいろなものが視《み》えたりするようになってくることです。

そのように、一般世俗にかかわってくると、生活的には、かなりきつくなることがあります。それは私も体験したのですけれども、場所や職業によっては、大人になってから、きついことはあるかもしれませんね。

ただ、最後は、もう諦《あきら》めるしかないでしょう。最後は、宗教のほうに〝完全帰依《きえ》〟し、「天命《てんめい》」だと思って受け入れてしまうことです。

そういう、いろいろな才能が発揮されてきても、受け入れて、ありのままに生きることを決意してしまえば、それなりに治まって、安定してくることもあります。むしろ、逃《のが》れようとして、将来、違う職業に就《つ》くなり、違う場所に行くなりして、あがけばあがくほど、そうした現象が激しくなって、場合によっては、人から差別を受けたり、迫害《はくがい》を受けたりする原因にもなりがちです。

例えば、いろいろなものが視えたからといって、それを人に言うと、「そんなものはなかった」と言われたり、「今、音がしたでしょう?」と言っても、「そんなことはなかった」と言われたりすることもあるでしょう。

ですから、霊感は、どちらかというと、この人（対象者であるA）よりも、子供のほうが強いですね。

対象者の「心の奥《おく》」に視《み》えてきたもの

大川隆法　それで、残るは、引っ越してから聞こえた音ですが、なんだか、みんな少し怪《あや》しい家というか、変なところにばかり住んでいるように思いますね（笑）（本書

File03「家のなかで立て続けに起きる『怪奇現象』」参照）。

「ドーン！」ですか。

（右手を頬《ほお》に添《そ》えて瞑目する）

うーん。

（約十秒間の沈黙）

（Ａに）何か、怖がっているものがあるでしょう、あなた。

Ａ——　そうですね。あります。

大川隆法　うん。心のなかで怖がっているものがあるね。

A――　はい。

大川隆法　何が怖い？

A――　出家《しゅっけ》をする前に、かなり邪魔《じゃま》をされたところがありまして……。

大川隆法　ああ、なるほど。

A――　出家する十年ぐらい前に、一度、採用面接を受けたことがあるのですけれども、その直後から、かなり執拗《しつよう》な邪魔が入って、だいたい四年半ぐらい、本当に、映画「エクソシスト」のような生活をしている感じでした。

大川隆法　そうだろうね。何か、恐怖心《きょうふしん》が奥《おく》に視《み》えるから、怖がっていると思いますね。

「恐怖心《きょうふしん》」は、どこから来るものだったのか

大川隆法　あなたを恐怖《きょうふ》させたものの主力というか、相手の主力は、何だと思いますか。

A――　私には分かりません。私に対して、かなりの恨《うら》みを持っていた霊的な存在というのは分かるのですけれども、感想としては、けっこう、〝手下《てした》〟を使うみたいなんですね。

大川隆法　うーん。

A――　〝手下〟を使ったときは、私自身の言葉で〝飛ばせる〟のですけれども、「手下を飛ばしても、今度は〝上の者〟が出てくる。それを飛ばしても、また、〝上の者〟

が出てくる」という感じで、本当に、上の者が出てきたときには、私では、もう、どうにもならなかったという経験があります。

大川隆法　それは、あなたに関係なく、霊界《れいかい》から来る者ですか。それとも、あなたにかかわりのある、「生きている人間」と関連があって来る者ですか。どうですか。

A――　そうですね、その関係ある人間が、まだ生きているので言いにくいのですが、「生きている人間」を介《かい》して来ていました。

大川隆法　関係があると見る？

A――　はい。

大川隆法　主として反対している中心は、どなたですか？

Ａ――　その霊的な存在に対して、私が何度も名前などを聞こうとしたのですけれども、名前も含めて、私が分かることは、決して明かさなかったです。

大川隆法　うん、霊体はそれとして、「生きている人間」のほうでは？

斎藤　例えば地上の人で……。ご家族とか、いろいろ、あるじゃないですか。

大川隆法　家族か、親族か、友人か、会社かは知りませんが……。

Ａ――　はい。そういう意味でいえば、反対している人は、あまりいないのですけれども、「妻」を通して来ていました。

大川隆法　ああ、奥さんね。そうでしたか。これは逃《に》げられないあたりですね。

それで、奥さんのほうの家族や親族のなかには、誰か、積極的に反対するような人は、いらっしゃいますか。

A――　ええ、他宗……、邪教のほうで、かなりやっている方が……。

大川隆法　ああ、なるほど。そちらに入っているか。奥さんの家族のほうはその教団に入っている？

A――　妻の親族のほうが入っていて、当時、私は、その親族の会社に勤《つと》めていたのです。

大川隆法　なるほど。それは、逃げられないねえ。
それだったら、いろいろ、妨害《ぼうがい》は入ってくるでしょう。そちらのほうは、幸福の科学のほうを「邪教」と見ているのだろうから、「罰《ばち》」や「祟《たた》り」が起きるように、一《いっ》生懸命《しょうけんめい》、呪《のろ》ってくるだろうと思われます。「怯《おび》えさせたい」という気持ちは、おそらくあるだろうとは思いますね。

視《み》えてきた「〝赤い〟地獄《じごく》の風景」が意味するもの

大川隆法　では、もう一段、視《み》てみましょう。

（顔の前で、両手の人差し指と親指を合わせて三角形をつくり、瞑目する。約三十秒間の沈黙）

ううーん……。視えるのは、けっこう「赤い世界」です。背景が赤いのです。赤いですねえ。

うーん。「血の池地獄《じごく》」のようにも視えるし、何か空襲《くうしゅう》でもあって、辺り一面、「火の海」になって、赤く視えているようでもあります。ただ、赤いのに、何か、田んぼを土手が囲って、ため池があるような感じの広がり方のなかで、赤い感じに視えます。

〝網《あみ》の目〟があるようななかで、赤い感じに視えるので、うーん、まあ、これは血の色だろうと思われます。

（右手を額に当てて瞑目《めいもく》する。約十五秒間の沈黙）

これは、「阿修羅界《あしゅらかい》」と「血の池地獄」とが隣接《りんせつ》しているあたりの風景かなあと……。

斎藤　「阿修羅界」と「血の池地獄」が合体したような……。

大川隆法　うん、隣接していますね。

斎藤　（Aに）二つの霊界が隣接した状況《じょうきょう》にあり、

地獄の阿修羅界は闘争と破壊に明け暮れる者たちの世界、血の池地獄は肉体的情欲に執われた者たちの世界といわれている（絵：平安時代の絵巻物「地獄草紙」で描かれた「雨炎火石処」）。

その影響を受けているようです。

大川隆法　うーん、霊界としては、そういう霊界が視えるので、おそらく、あなたを攻撃《こうげき》しにきている者は、そのあたりが〝住みか〟なのではないかと推定されます。「阿修羅界」で、人を攻《せ》めたり、斬《き》ったり、殺したりすると血は流れます。暴力や殺人など、そういうものがあって血は流れますが、その血が、同時に何か、「血の池地獄」の血の源流になっているようにも視えるので、「阿修羅界」と「血の池地獄」が合体しているとなると……。うーん……。

（腕《うで》組みし、瞑目する。約五秒間の沈黙）

（瞑目のまま）あっ、そうか。うーん、まあ、確かに……。うん、なるほどねえ。「信仰によって、戦って死ぬ。しかし、その信仰は、別の面では、『血の池地獄』ともつながっている信仰である」。そういう信仰は、ないわけではありませんねえ。

それは、どういう信仰かというと、原理自体は、「この世の弱肉強食の世界」と、それから、「物欲」「色欲《しきよく》」「財産欲」等にまみれたなかで「階級闘争《とうそう》の戦い」をやっている世界が展開していると思いますね。そういう世界に関連のある宗教霊が来ていると思われます。

私には、近いのが何かはズバッと分かりかねますけれども、●覚鑁《かくばん》などは、比較《ひかく》的、そういうものに近い霊界から来ていた者ではありますねえ。最後は、武士に攻められて、殺されていますが、阿弥陀仏《あみだぶつ》を念じて「即身成仏《そくしんじょうぶつ》」するというような教えを説いています。

浄土真宗《じょうどしんしゅう》のほうは、やはり、「色情地獄《しきじょう》」とは密接に関連していますしね。また、織田信長《おだのぶなが》とも戦ったりしますので、戦闘もするようなところです。こういう世界は、そういうものに近いし、戦闘だけでいえば、日蓮宗系《にちれんしゅう》にも、戦闘系のものは、かなりあります。

ただ、色情系は、基本的には「日蓮宗系」よりも「念仏宗系」のほうがやや強いのではないかと思います。

●**覚鑁**（1095～1143）平安時代後期の真言宗の僧。新義真言宗の祖。死後、地獄に堕ち、現在も悪魔として密教系の邪教団を支配している（『黄金の法』〔幸福の科学出版刊〕参照）。

ですから、この血が、戦闘による血であれば、別に日蓮宗系でもよろしいのですが、戦闘系でない血であるのであれば、それは、「色情系」のほうなので、念仏系などにも関係があるあたりかとは思いますね。

しかし、裏では、かなり、闘争があるような感じがしますねえ。

身内が他宗に「転向」するときの〝厳しさ〟

大川隆法　これは、宗教のいちばん〝厳しい〟あたりですね。身内から、違う宗教に転向した人が出た場合、元いた宗教のほうから、妨害が入ったり、取り戻《もど》しに入ったり、相手を「邪教だ」とののしったり、逆に、「そちらのほうが転向せよ」と言ったりします。これは、あちこちで、実際上、起きているでしょう。

宗教を信じる者でも、転向するときに、必ず起きてくる現象なので、厳しいとは思います。ただ、これは、積極的に攻撃を受けているところも、多少あるでしょう。だから、狙《ねら》っているのは、基本的に、あなたの信仰心をぐらつかせることだと思うんです。

あなたの信仰心をぐらつかせるには、現れてくる現象から、「悪霊・地獄霊系の現象が起きている」と思わせて、「やはり、間違った宗教のほうで、生業《なりわい》を立てているのではないか」という疑いを持たせたいわけです。これが、基本的な戦略だと思うんです。

そして、そういうことから、恐怖心のところを派手《はで》に〝振動《しんどう》〟させて、太鼓《たいこ》みたいに大きく響《ひび》かせようとしているのかなと思います。

ただし、奥さんの親族のほうが入っているとなると、それなりに厳しいところがありますねえ。これは、逃げるに逃げられませんからね。会社の同僚《どうりょう》ぐらいだったら、職場を替《か》えれば逃げ切れますけれども、奥さんのほうからつながっている場合だと、それほど簡単には逃げられないし、子供のほうの奪《うば》い合いも起きると思います。霊的には、奪い合いは、当然、起きるでしょうねえ。

奥さんのほうの信仰は、どのようなものですか?

A――　純粋に、信仰はしていると思うのですけれども、妻自身が、すごい霊体質に……。

大川隆法　なっているの？

Ａ――　そうですね。ですから、そこが、非常に付け込《こ》まれやすいところではあると思います。

大川隆法　うーん、そうか。霊体質ですか……。

対象者が「霊的現象《れいてきげんしょう》」によって攻《せ》められている理由

大川隆法　あなた、先ほど、「炎が大きくなる」とか、そんな話をしましたかね？

Ａ――　あっ、最初に、「小さいとき、ラップ現象というか、そういうもので、ポンッとロウソクに炎が灯ったことがある」という話を……。

大川隆法　ああ、「ロウソクの炎が灯った」という話か……。

うーん、ほかに言えることとしては、まあ、幾つか、宗派がたくさん分かれていっていて、それぞれのところに影響し合っているので、何とも言えないですし、霊《れい》現象が好きな宗教も多いので、あれなんですが。そうだね、やや、頭のなかに、夾雑物《きょうざつぶつ》というか、余計《よけい》なものが少し入っているかな。当会の教義とは別の、余計なものも、少し入っていると思いますね。

あなたと、あなたの家族に、当会の信仰以外の何か、余計なものが、少し入っているように視えます。

ですから、ここのところが〝取っ掛《か》かり〟になっているように感じられますね。

おそらくは、「現象」のところで攻めてきていると推定するので、当会が、もっと「現象」のほうを前面に押《お》し出せば、はっきりと優劣《ゆうれつ》がつくでしょう。

しかし、当会は、「現象」を、それほどずっとは押し出さず、どちらかというと、「教え」のほうを中心にして布教《ふきょう》をしているので、現象を非常に重大視するところから見ると、「教え」を中心にして布教をしているのが、ある意味で、弱いように見える面もあるのです。要するに、「教え」を中心に広げる宗教は、羊《ひつじ》というか、〝草食系〟に見えるんですよ。

反対に、現象で、目に物見せて、相手をびっくりさせたりして入信させるタイプのほうは〝肉食系〟なんですね。だから、肉食系から見ると、弱く見える面があるので、この人も、表面上は、少しなめてかかられているところがあると思います。表面上はなめられていて、「この程度だったら、何とか倒《たお》せる」と思われているところはあると思います。

「現象重視の宗教」は、「教え中心の宗教」には絶対に勝てない

大川隆法　ところがどっこい、それは間違いでして、現象のほうに重点を置きすぎると、いわゆる「超能《ちょうのう》力《りょく》レベルの宗教」にとどまることが多いのです。

しかし、教えを中心にした宗教というのは、一見、弱いように見えて、実は、縦横無尽《じゅうおうむじん》に張り巡《めぐ》らされ

幸福の科学の基本教義が説かれた『「正しき心の探究」の大切さ』（幸福の科学出版）

た教えの〝血管〟でつながっているので、その教えによって、教団全体と、教祖《きょうそ》のところまで、全部がつながっているのです。

だから、あなた個人を攻撃できると思ったら、大間違いなのです。実は、あなた個人を攻撃しようとしても、それは教団全体を敵に回すことであり、エル・カンターレとも戦うことを意味しているわけなのです。

そこまで相手にして戦うということになりますと、向こうは、「法力戦《ほうりきせん》」では、絶対に勝てないのです。どの宗教でも、絶対、勝てません。

あなたは、まさしく、エル・カンターレ信仰伝道局において、「信仰の中身」を、今、問われているところかと思います。いろいろな現象のなかで、いわゆる悪霊現象や、霊的な障《さわ》りと思われるような現象が起きたときに、その信仰観にゆがみが出るか、撤《てっ》退《たい》戦が起きるかどうかみたいなものを、試《ため》されている面はあるのではないかと思うのです。

ですから、もし、あなたの信仰のなかに、多少違ったものが残留《ざんりゅう》しているようだったら、その部分は取り除いたほうがよいでしょう。

当会は、霊的な現象を、それほど数多くはやりませんし、超能力者を数多く養成しようともしません。ただ、自然に起きるものはしかたがないので、それは起きていますけれども、それほど、ずっと推《お》してはいないのです。

その理由は、できるだけ、「教え」に基《もと》づいて伝道したほうが、多くの人に広がって、大教団になっていくからです。「霊的な業《わざ》」で広めると、そのような大きな教団になっていくには、けっこう厳しいものがあるし、人を狂《くる》わせるものも、なかにはあるのです。そのへんが問題点としてあって、チェックができないところもあるので、隙《すき》ができてくるわけです。

それで、「教え」のほうを中心に攻めているのですが、向こうのほうはそこを、やや弱いと見ているところがあるように感じられます。

霊的《れいてき》な攻撃《こうげき》は「信仰《しんこう》の試《ため》し」と受け止めよ

大川隆法　ただ、この世において、そういう霊的《れいてき》な障害があって、仕事に障りが出るということを、あまりマイナスに考えすぎないほうが、私はよいと思うのです。それは、「信仰《しんこう》の試《ため》し」なので、むしろ、それを乗り越えるだけの力があるかどうかを、「プロ」として試されていると見るべきでしょう。

出家をして、「プロの伝道者」として仕事をするにしても、やはり試しは出ます。失敗や挫折《ざせつ》、あるいは、邪魔と思われるものも数多く起きます。しかし、そういうもので、どの程度、揺《ゆ》さぶられるか、そのへんが試されるところです。

霊現象はたくさん起きることもありますが、それに対して、教団のほうで十分な説明がないと、そのへんのところに一つの「隙」ができるわけです。

そして、その「隙」を埋《う》める、他の宗教の教え等があると、その教えによって、その隙の部分を解釈《かいしゃく》しようとするわけですね。

すると、そこに、あなたの「弱点」ができるので、その「弱点」のところを狙って、霊的な攻撃《こうげき》が可能になるのです。

ですから、本当は、いろいろなものに対して答えなければいけないのです。ただ、私は答えることはできるけれども、弟子《でし》のほうでは、実は答えられないので、みな、「経文《きょうもん》を読め」とか、「祈願しろ」とか、そのくらいで、だいたい終わりにしてしまうと思います。その答えられないでいるところを隙と見て、攻めてきているると思われますね。

先ほど、あなたが言ったポルターガイスト現象的な物音は、教団のなかで話しても、あまり言いすぎると、「ちょっと、それは危ないいんじゃないか」、あるいは、「取り憑《つ》かれているのと違うか」というような感じに、おそらくなってくると思うのです。

まあ、そういう体質の人はいるし、現に起きますので、それを否定する気は、全然、私にはありません。ただ、「それ（霊的現象）が、いちばん大事なことだ」と考えるのは、間違いだと思っているわけですね。

つまり、「霊的な実証」として、そういうことが起きることはあってもいいけれども、本当に大事なことは、「人間として生きていく道」「世界観の真理」を教えることです。霊的な現象というのは、そういうものを悟《さと》らせるために、方便《ほうべん》としてある場合があって、人によっては、あちこちで起きることがあるということです。

ですから、そちらをありがたがりすぎると、逸《そ》れていく可能性が出てくるわけです。

霊的《れいてき》現象を乗り越《こ》えるには「心の修行《しゅぎょう》」や、「知識、経験の重し」が必要

大川隆法　「ドーン！」と音がしようと、引き出しが開《あ》こうと構いませんけれども、霊的《れいてき》な存在として感じたら、それは、「いいかげんにしなさい」と、バシッと叱ったらいいんですよ。もし、いたずらで、子供とかが起こしているようなことがあるんだったら、「つまらないから、そういうことはやめなさい」と言えば、それで済むことです。

　そういう霊的現象はいろいろあるけれども、やはり、それを乗り越えるだけの人間としての重《おも》し、「知性、理性、悟性《ごせい》等の修行《しゅぎょう》」と「知識、経験を積んだ重し」があれば、おかしくはなりません。それが足りないと、現象のほうに振《ふ》り回されることがあるの

「神秘性」と「合理性」の融合を

大川隆法著『神秘の法』では、著者自らが高度な学問をし、現実社会についても学び、知性と合理性を備えながら数多くの神秘現象を体験していることを紹介。幸福の科学の教えは、単に霊的現象を妄信することを勧めているのではなく、この世の世界を十分に認識しつつ、さらに本質の世界を知り、「この世とあの世を融合した生き方」を探究するなかで、「真に幸福な生き方」を目指すことの大切さを説いている。

で、少し気をつけないといけないところですね。

あなたのようなタイプは、基本的に悪い宗教にかかると、けっこう、人生において迷い込む傾向《けいこう》があるタイプであると思います。

だから、「では、何ほどのことがあるか」と思えばいいわけですよ。夜中に、ガラスを「ドーン！」と叩《たた》くようなことがあっても、「勝手にやっておれ」というぐらいに思っていればいいわけです。「なんだ、割る力もないのか」と言っているぐらいでいいわけで、そんなもので怯《おび》えては、いけないですね。

引き出しを開けても、「開けるだけなら大したことないな。一万円札の束でも出してみろ」というぐらい言ってみて、「出せるのか。出せないのなら、そんなくだらんことをするな」という感じの打ち返しをやればいいわけですよ。

まあ、現象がいろいろ起きたりするかと思うし、それも一つの実験としてはいいことではあるけれども、「もっと大事なものがあるんだ」と思うことが大事ですね。

確かに、いろいろな影響は受けているように思いますし、その宗教も、いろいろと問題のある宗教であろうとは推定しますけれども、信じる人が、だいぶいるのだろうから、一つの霊界は、きっとできているでしょう。そのため、そう簡単には、その宗教がつくっている霊界そのものを消滅《しょうめつ》させることはできないだろうと思います。

したがって、その霊界を消滅させるよりも、自分たちの味方を増やしていくほう、信じる者を増やしていくほうに、力を注いでいくのが、やはり、主力であるべきかと思いますね。

斎藤　Aさんの表情にも、少しずつ笑顔が戻ってきました（笑）。

幸福の科学は「横綱相撲《よこづなずもう》」を中心に考えている

斎藤　（Aに）恐怖心を克服《こくふく》して、頑張《がんば》っていきましょうよ。

A――　はい。

大川隆法　やはり霊現象は怖いものですからね。それに、教義のなかで十分に説明されていないものが起きると不安でしょう。

それで、ほかの宗教などに、そのへんについて説明しているものがあったり、いわゆる「技《わざ》」を持っていたりすると、「やはり、そちらのほうが強いのかな」と思ったりして、恐怖心を感じることもあるのですが、それほど気にしなくていいわけです。

「小技《こわざ》」というのは、だいたい、舞《まい》の海《うみ》みたいな小兵《こひょう》の相撲《すもう》取りがたくさん使うのであって、横綱《よこづな》は小技など使いません。もう、電車道で、「ドドーッ、ドドーッ」と土俵外に押し出したら、それで終わりなんですよ。

当会は、横綱相撲を中心に考えているので、あまり小技で、いろいろやろうとしていないのです。

小さな集団で、小技を使って、人からお金をたくさん巻き上げたりするような宗教も数多くありますけれども、そういうほうにあまり入っていかずに、「できるだけ幅《はば》広《ひろ》く、多くの人たちに信じられるものにしていこう。できるだけ、共通性のある教えで世界へ広げていこう」と考えているので、横綱相撲をやっているつもりでいるわけです。ですから、どうか、その程度のものに負けないでください。

先ほども、「血痕《けっこん》が出る」とか、「電気が切れる」とかありましたし（本書 File 03「家のなかで立て続けに起きる『怪奇現象』」参照）、「引き出しが開く」とか、「ドーンと音がする」とか、いろいろ脅《おど》されて大変ですが、少しは「念返《ねんがえ》し」をするぐらいの力を持っていないといけないと思います。

まだ「口」が少し弱くて、説法《せっぽう》をしていても、少し疑問が投げかけられたり、批判されたりすれば、言い返せないで、黙《だま》って引いてしまうようなところが、教団のなかの人にもかなりあります。しかし、きちんと打ち返せるだけの訓練をやっていることが大事ですし、念返しもそれと同じで、やり返せることはあるわけです。

だから、そのように、「なんだ、その程度か」というぐらいの感じでやっていればいいと思います。

何なら、先ほどの、南無原《なむはら》さんではないけれども、金縛《かなしば》り用のフラフープを差し上げて……（本書 File 01「青いフラフープのような光が見えて、金縛りが解けた」参照）。

斎藤　そうですね。「結界リング」を、ヘルメス的な〝降魔《ごうま》リング〟というか、〝捕縛《ほばく》リング〟を……。

A――　はい。

大川隆法　ええ、投げて、縛ってしまっても、いいかもしれないですねえ。

斎藤　パッとやれるように、伝授《でんじゅ》されて……。

大川隆法　（笑）少し分けてもらっても……。

斎藤　本日は、「ヘルメス神の霊指導も頂いている」とのことですので、頑張ってまいりましょう。

A――　はい。

大川隆法　現象に翻弄《ほんろう》されずに、まず、「仲間を増やしていって、全体の力を強くしていく」ということが大事かと思います。

他宗教との軋轢《あつれき》は、今までも数多く起きてきましたけれども、だいたい、追い抜《ぬ》いていくときに、いちばん激しく起きることが多くて、追い抜いてしまうと、力が急速に弱ってくることが多いのです。

向こうは、先発の意地があったりして、仕掛《しか》けてくることもありますけれども、もう少し、自信を持ってよいのではないでしょうか。

霊能力《れいのうりょく》に伴《ともな》う「危険性」と「対策」

大川隆法　なお、心のなかの隙として、「恐怖心」があると言いましたが、もう一つには、「自己顕示欲《けんじよく》」も、おそらくあると思うのです。

斎藤　（Ａに）自己顕示欲だそうです。

Ａ――　はい。

大川隆法　「自分には、もう少しパワーがあって、目に物見せるようなことができるはずだ」という気持ちも、潜《ひそ》んでいると思われます。

ここにも、隙がもう一つあると思われるので、攻められているかもしれません。（進行役を指しながら）斎藤さんなどは、ものすごく巨大《きょだい》な霊能力《れいのうりょく》を持っているかもしれないけれども、ないように見せています（会場笑）。

斎藤　（笑）ないと思います。本当にないんです。ないです。全然ないです。

大川隆法　（笑）こういう〝ボケ具合〟も、また、偉《えら》くなる道なのです。

斎藤　とんでもないです。

大川隆法　人間として、まっとうであって、全然困らないですし、まっとうであっても、いろいろな霊現象が起きてきたり、霊能力を持つようになったりするのなら、しかたがありません。それは、「運命だ」と思って、使わなければいけないでしょう。

ときどき、自分に耐《た》えるだけの力がない人が、それを露出《ろしゅつ》しすぎると、人間として、廃人《はいじん》になってしまうことがあります。使えなくなってしまったり、おかしくなってしまったりすることが、けっこうあるのです。

ここのところが駆《か》け引きで難しいので、私は、霊能力を、あまりずっとは推しません。例えば、昔、周りにいる人のなかで霊道《れいどう》を開かせたりしたことも、何度かありますけれども、〝もたない人〟が、やはりいました。私が近くにいるうちは大丈夫《だいじょうぶ》なのですが、近くにいなくなると、やられてしまうというか、いろいろなものが入ってきたり、悪霊・悪魔が入ってきたりして、唆《そそのか》され始め、おかしくなってくるケースが、けっこうあるのです。

そのため、今のところ、あまり積極的に、そういうパワーを与《あた》えてはいないわけです。「どうしても開いてくるものは、しかたがない」とは思っているのですけれども、やはり、「耐えうる力」が要《い》るのです。もう少し「忍耐力《にんたいりょく》」が要りますし、「人間としての重み」や「厚み」も、十分に、その霊的なものに対抗《たいこう》する力になるわけです。したがって、そのへんの重みが、今、要るのではないかという感じはします。

これは、仕事そのものにも関係しているでしょうから、自信を持って頑張ってもらうしかないですね。

そういう「ポルターガイスト現象」や「ラップ現象」など、何ほどのことでもないということです。うちの建物なども、「ギシギシ」と全体に、よくうなっていますよ。もう、そんなものを気にしていても、しかたがないでしょう。「好きにしたらいい」という感じです。関係ないですからね。

斎藤　（Aに）「ドーン」と横綱相撲で行きましょう。

大川隆法　そうそう。

Ａ――　はい。

大川隆法　うん。

斎藤　はい。大川総裁、今日は、長時間にわたり、四人へのご指導、まことにありがとうございました。

大川隆法　はい。勉強になりました。

斎藤　「それでも超常現象は存在する」ということで、これからも頑張ってまいります。ありがとうございました。

大川隆法　はい。存在します！（手を一回叩く）

存在します！（手をもう一回叩く）

ただ、「それに埋没《まいぼつ》して、この世での生き方を見失ってはいけない」というところは、忘れないようにしましょう。

これを第二弾《だん》にしましょうか（前掲《ぜんけい》『「宇宙人によるアブダクション」と「金縛り現象」は本当に同じか』参照）。

斎藤　はい。本日は本当にありがとうございました。

「霊言現象《れいげん》」とは、あの世の霊存在の言葉を語り下ろす現象のことをいう。これは高度な悟《さと》りを開いた者に特有のものであり、「霊媒現象《れいばい》」(トランス状態になって意識を失い、霊が一方的にしゃべる現象)とは異なる。外国人霊の霊言の場合には、霊言現象を行う者の言語中枢《ちゅうすう》から、必要な言葉を選び出し、日本語で語ることも可能である。

また、人間の魂《たましい》は原則として六人のグループからなり、あの世に残っている「魂の兄弟」の一人が守護霊《しゅごれい》を務めている。つまり、守護霊は、実は自分自身の魂の一部である。したがって、「守護霊の霊言」とは、いわば本人の潜在《せんざい》意識にアクセスしたものであり、その内容は、その人が潜在意識で考えていること(本心)と考えてよい。

なお、「霊言」は、あくまでも霊人の意見であり、幸福の科学グループとしての見解と矛盾《むじゅん》する内容を含《ふく》む場合がある点、付記しておきたい。

特別収録・おまけファイル

番組プロデューサー・渡辺《わたなべ》圭《けい》氏の守護《しゅご》霊霊《れいれい》言《げん》

二〇一四年六月十七日　収録

東京都・幸福の科学　教祖殿《きょうそでん》　大悟館《たいごかん》にて

渡辺圭《わたなべけい》（一九六六～）

ＮＨＫプロデューサー。愛媛《えひめ》県出身。慶応義塾《けいおうぎじゅく》大学文学部卒。中学時代、司馬遼太郎《しばりょうたろう》の『竜馬《りょうま》がゆく』に影響《えいきょう》され、大の歴史好きとなり、大学では史学を専攻《せんこう》。ＮＨＫ入局後は、歴史教養番組の制作を中心に、これまでに、「その時歴史が動いた」「歴史秘話ヒストリア」「ＢＳ歴史館」などの番組を手がける。

質問者

大川紫央《おおかわしお》（幸福の科学総裁補佐《ほさ》）

［役職は収録時点のもの］

渡辺圭氏の１回目の守護霊霊言が収録された
『NHK「幻解！超常ファイル」は本当か』の概要

本章「特別収録・おまけファイル『番組プロデューサー・渡辺圭氏の守護霊霊言』」（2014年６月17日収録）は、もともと予定にはなかったが、同氏守護霊の突然の訪問により、急遽、幸福の科学 教祖殿 大悟館で２回目の収録となったもの。

そこで、本章の前段として、すでに６月４日に大悟館で収録されていた同氏守護霊の１回目のインタビュー（『NHK「幻解！超常ファイル」は本当か』所収）のあらましを以下に紹介する。

RYUHO OKAWA
大川隆法
NHK
「幻解！超常ファイル」は本当か
ナビゲーター・栗山千明の守護霊インタビュー
女優・栗山千明氏の守護霊も不本意？
ネッシー、UFO、心霊現象……すべてを否定
NHK「超常現象」検証番組の真偽を問う！
番組プロデューサー・渡辺圭氏の守護霊霊言を併録

2014年６月21日発刊
（幸福の科学出版）

第１章「栗山千明の守護霊インタビュー」

栗山氏は、番組のなかで霊的なものに対する否定的なコメントをするものの、実は出来上がった台本を読み上げているだけで、本人は霊的なものに敏感なタイプ。番組には、神秘的なものに関心がある人を引き寄せるために起用された。神社の巫女や西洋の魔法使い等の過去世を持っていることが判明。

**第２章「ＮＨＫエンタープライズ情報文化番組
エグゼクティブ・プロデューサー渡辺圭の守護霊インタビュー」**

番組制作の意図として、「大川隆法の霊言を取り上げる地ならしをしている」と語りつつも、超常現象を否定する方向に誘導しようとしているのは、宗教をファシズムと同一視し、世間を唯物的なもので逆洗脳するためだったことが判明。安倍政権やNHK籾井会長に強く反発していることも明らかになった。

1 自分は「NHKの集合想念《そうねん》」であると言い張る霊《れい》

苦しそうに出てきた霊人《れいじん》の正体を追及《ついきゅう》する

大川紫央　あなたは誰《だれ》ですか。

霊人　（息苦しそうに）うーん。ああ……。うーん……。ああ……。ああ、苦しいなあ。

大川紫央　なぜ苦しいのですか。

霊人　〝私〟は誰？　「超常《ちょうじょう》現象」の人……。

大川紫央　（驚いて）え？　NHKの人ですか。

霊人　うーん。ＮＨＫだって、（ワールドカップの）サッカーが負けたらね、番組編成が困るんだよな。

「集合想念《そうねん》」という言葉を使って「霊《れい》」を認めない態度に出る

大川紫央　では、この間、栗山千明《くりやまちあき》さんの守護霊と一緒《いっしょ》に霊言《れいげん》を録《と》った人ですか（注。二〇一四年六月四日、「栗山千明の守護霊霊言」――幻解！超常ファイルは本当か――を収録し、続けて「ＮＨＫエンタープライズ情報文化番組エグゼクティブ・プロデューサー渡辺圭の守護霊霊言」も収録した）。

渡辺圭守護霊　うん……。けっこう近いかもしれないような気がしないでもない。

大川紫央　ええ？　渡辺圭さんというプロデューサーですか。

渡辺圭守護霊　うん、いや、わしはＮＨＫの「集合想念《そうねん》」だから。

大川紫央　嘘《うそ》です。集合想念がそんなに話をしませんからね。あなたには、「自分」という人格があるはずです。

渡辺圭守護霊　あなたがたの攻撃《こうげき》が〝三発目〟やなあ（注。ＮＨＫ「幻解《げんかい》！超常ファイル」の番組に関する本として、前掲『「宇宙人によるアブダクション」と「金縛《かなしば》り現象」は本当に同じか』、『ＮＨＫ「幻解！超常ファイル」は本当か』の二冊を刊行したことを指す）。

大川紫央　今日、大川総裁が校閲《こうえつ》した本に出てくる「幻解！超常ファイル」のプロデューサーの守護霊ですか。

渡辺圭守護霊　ううーん……、分からない。霊を認めてないからね。

大川紫央　だって、今、ここで、（大川隆法の意識に）〝入っている〟でしょう？　だから、あなたも霊を認めざるをえないんですよ。

渡辺圭守護霊　うーん、まあ……。私一人のせいにするのは、やっぱり卑怯《ひきょう》なんじゃないのか。

大川紫央　やはり、渡辺プロデューサーの守護霊でしょう?

渡辺圭守護霊　私だけの責任じゃない。なあ?　NHKの総意なんだからさ。

大川紫央　栗山千明さんの守護霊と一緒にやった人でしょう?　NHKエンタープライズ情報文化番組エグゼクティブ・プロデューサーの渡辺圭氏の守護霊でしょう?

渡辺圭守護霊　NHKの集合想念だから。霊なんてものはないから。集合想念だから。

大川紫央　そういう「集合想念」という言葉を使うこと自体が、NHKの組織文化というか、風土を表していますよね？　そんな感じで「責任が明確ではない番組」をつくるわけですね？

渡辺圭守護霊　「ＮＨＫ全体」で責任を背負ってるんであって、「個人」に責任はない。これは「脳波の乱れ」であってね、霊なんて、そんなものはありゃしないの。

大川紫央　でも、あなたは今、話していますよ。

渡辺圭守護霊　霊なんて存在しない。ＮＨＫが今、〝放送〟してるんだ。

ＮＨＫ籾井《もみい》会長はしょせん外からの〝借り物〟？

大川紫央　ＮＨＫ会長の籾井《もみい》さんは、そうおっしゃっているのですか。

渡辺圭守護霊　籾井はＮＨＫの人でないもん。

大川紫央　でも、今は、ＮＨＫの会長ですよ。

渡辺圭守護霊　いや、あれは、〝借り物競走〟で借りてきたもの。

大川紫央　（鏡を持って〝顔〟を見せて）ほら、見てください。これは、あなたですか。

渡辺圭守護霊　見えない。見ない。うーん……。

大川紫央　見てください。

渡辺圭守護霊　見なーいー！

大川紫央　過去にも、「自分を認めない」という、そういう人がいましたね。

籾井勝人（1943 ～）
ＮＨＫ第 21 代会長。九州大学経済学部卒業。米国三井物産社長、三井物産副社長を経て、日本ユニシス社長、相談役や特別顧問を務めたのち、2014 年 1 月、商社マンとしての国際経験や社長等としての経営能力が評価され、ＮＨＫ会長に就任した。

大川隆法
NHK
NHK新会長
籾井勝人
守護霊 本音トーク・スペシャル
タブーにすべてお答えする
豪快！痛快！
この男が、偏向NHKを超異次元改革する!?
緊急出版！

『ＮＨＫ新会長・籾井勝人守護霊本音トーク・スペシャル』（幸福の科学出版）

マルクス霊も、そんなことを言っていたような……（『マルクス・毛沢東《もうたくとう》のスピリチュアル・メッセージ』〔幸福の科学出版刊〕参照）。

「サッカーの話題が続けば、責任を問われない」という本音

渡辺圭守護霊　だから、わし一人のせいにせんでくれ。ＮＨＫ（番組をテーマに霊言を）やってもいいけど、もうちょっと幅《はば》を広く、ちゃんとさ、公平にやってもらえんかな。

でも、サッカーで勝ち続けたら、そちらのほうで話題がずーっといくから、責任を問われないで済むんですよ。負けたら、ウツに入って責任を……、誰かが〝生贄《いけにえ》〟になって〝首〟を斬《き》られるんだよ。

大川紫央　サッカーは、本当は勝てたかもしれません。

渡辺圭守護霊　ＮＨＫも力を入れて報道してんだよ。本田も（番組を）やったのに、コロッと負けたじゃないか（注。六月十五日、日本代表は、ワールドカップ一次リー

グ初戦でコートジボワールに一対二で惜敗した）。

大川紫央　それは、神様がＮＨＫに味方をしてくれなかったのですよ、日ごろの行いが悪いから。

ＮＨＫではなく「文科省の攻勢《こうせい》」に集中してほしい

渡辺圭守護霊　君らは、今はね、ＮＨＫから、文科省の攻勢《こうせい》に集中するべきだよ（二〇一四年六月現在、幸福の科学大学設置認可申請中）。

大川紫央　それは、単なる〝お振《ふ》り替《か》え〟をしたいだけでしょう？

ＮＨＫは、そろそろ本当に、そういう「無責任体制」の放送を垂《た》れ流すのはやめたほうがいいと思います。

渡辺圭守護霊　私の責任にされると困るんだよ。（ＮＨＫの）集合想念がキュ－ッといっちゃってるんだ！

大川紫央　いや、この間のあなたの霊言（六月四日収録）の内容は、本当にひどかったですよ。あれでは、本当に神仏が怒《おこ》りますよ。

渡辺圭守護霊　ええ？　あれ、出るのか。

大川紫央　出ますよ（前掲《ぜんけい》『ＮＨＫ「幻解！超常ファイル」は本当か』所収）。

2　超常《ちょうじょう》現象を否定するＮＨＫの偏向《へんこう》報道

「ワールドカップで日本が負けたらＮＨＫも責められる」

渡辺圭守護霊　今日の（霊言《れいげん》）も出ると（ＮＨＫへの）〝追撃戦《ついげきせん》〟になるから、本として出るころにサッカーが負けてたら、ほんとに大変なことになる。え？　一次リーグ敗退しててみろよ、なあ？　そしたら、もう、なんか、誰《だれ》かがシュンとなってさあ。責められるよ、きっとねえ。

大川紫央　今週の土曜日（六月二十一日）に、あなたの本が出ますよ（前掲《ぜんけい》『ＮＨＫ「幻解！超常ファイル」は本当か』）。

渡辺圭守護霊　うーん。だいたい負けが決まってるようだったら、ちょうど近いんじゃないのかなあ（注。本霊言収録の三日後の六月二十日に、日本代表は、ワールドカップ、対ギリシャ戦を控《ひか》えていた)。
次、負けたら、もういかんだろ。

NHKの別番組で柳田國男《やなぎたくにお》を取り上げて「バランスを取っている」?

大川紫央　どうして、今日はこちらに来たのですか。

渡辺圭守護霊　いや、(幸福の科学がNHK関係の)本を出すからよ。

大川紫央　そちらだって、「ためしてガッテン」という番組で放送された「金縛《かなしば》り特集」の内容は、目茶苦茶《めちゃくちゃ》ひどかったですよ。

渡辺圭守護霊　だけど、今、柳田國男《やなぎたくにお》の(番組を)やってんじゃん。あれ、妖怪《ようかい》の。柳田國男の霊言でもやったらどうだ。あれをやってるから、NHKも(超常現象を)認めてるっていうことになるじゃん。バランスを取ってるんだ。NHKもちゃんとね。栗山千明《くりやまちあき》が「(番組に)出たくない」って言い出したら、どうするつもりだ。すぐ

NHK「ためしてガッテン『その金縛り、病気かも!?』」(2014.4.30) から

◀この回の番組テーマは「金縛り」。心霊番組のような映像で恐怖感を煽《あお》りつつ、街頭で金縛り体験をインタビューし、「日本人の４割が金縛りを経験」と紹介。３人の体験者から、金縛りのときの恐怖感や、幽霊や宇宙人の話などを引き出す。

▶大学教授が登場し、金縛り時の脳波測定をして、体だけ眠っていて脳が起きている状態だと〝科学的〟に説明。幽霊などの恐ろしいものを見たという証言については、「脳の扁桃体が活性化すると幻覚が起きる」という説明で一蹴した。

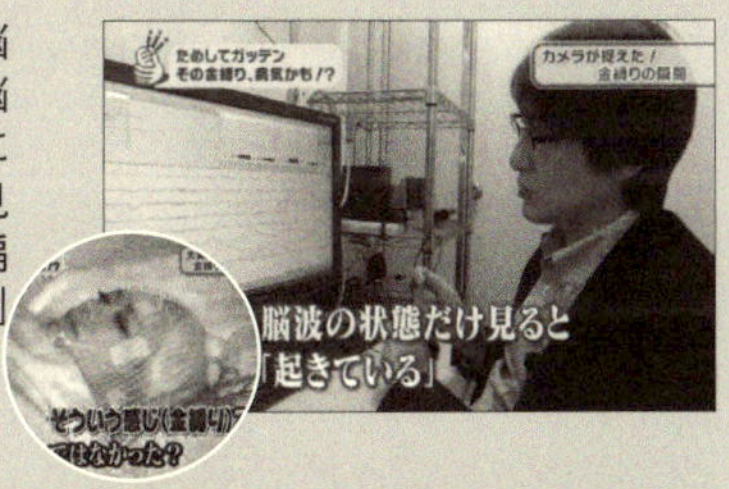

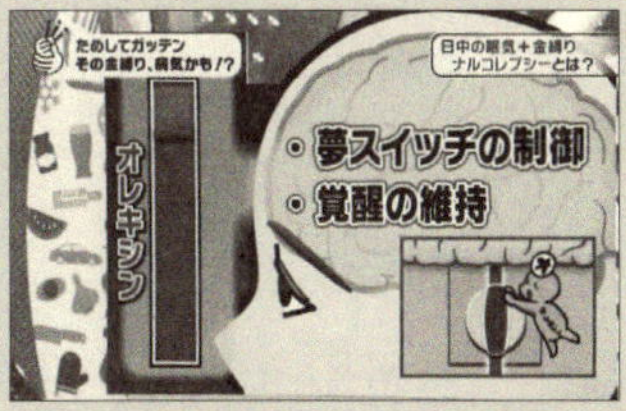

◀さらに、別の学者が登場し、脳内物質の不足による睡眠障害の事例を説明。心霊現象の可能性は一切検証されないまま番組が終了した。

NHK「100分 de 名著『遠野物語』」(2014.6. 全４回) から

天狗や河童、幽霊や妖怪の話など、東北地方の伝承が収録された、民俗学者・柳田國男(左上)の『遠野物語』について大学教授が解説。目に見えないものを信じていた昔の人々の素朴な死生観として語るのみで、超常現象を認める内容にはほど遠い。(左下:遠野のカッパ淵)

に打ち切りになるな、これなあ。次は「UFO特集」を組むんだった。

大川紫央　ですから、この本（本書『幻解ファイル＝限界ファウル「それでも超常現象は存在する」』）も読むと、非常に勉強になると思います。本のなかには、地縛霊《じばくれい》が五人も家に来ている話とか、けっこう怖《こわ》かったので、たぶん、NHKさんの番組で放送するものよりも、すごく〝怖い話〟を勉強できますよ。

渡辺圭守護霊　（NHKでは）新撰組《しんせんぐみ》についてだって、特集をやってるんだ。芹沢鴨《せりざわかも》を省《はぶ》いた、それ以降のやつを、今、やってるじゃないか。

大川紫央　別にいいじゃないですか。新撰組などは「歴史」なんですから。

渡辺圭守護霊　君らは、黒田官兵衛《くろだかんべえ》やってんじゃん（『軍師・黒田官兵衛の霊言』〔幸福の科学出版刊〕参照）。せこいなあ。うちの霊言を出さずに、もっとほかをやんなよ。

●特集　NHK BSプレミアム「英雄たちの選択『池田屋事件 近藤勇・逆境を駆け抜ける』」。池田屋に突入する決断をした近藤勇の心理を読み解いた番組。
●芹沢鴨（1827頃～1863）新撰組の初代局長。NHK会長・籾井勝人氏の過去世。（『NHK新会長・籾井勝人守護霊本音トーク・スペシャル』参照）

大川紫央　「『真実』は証明される前から既《すで》に存在しているのだ」と、神様から言われていますよ（本書「まえがき」より）。

渡辺圭守護霊　うーん。

大川紫央　ですから、あなたは、そのようにバランスを取ろうとしていますが、バランスを取るも何も、「存在するものは存在する」んです。

〝もう一個〟負けたら「NHKは絶体絶命」

渡辺圭守護霊　はあ……（ため息）。小保方《おぼかた》さんの「STAP《スタップ》細胞《さいぼう》問題」だってさあ、結局、マスコミは、もう何だか分からなくなってしまってるんだ。謎《なぞ》なんだよ。

大川紫央　そうです。若山《わかやま》教授も、昨日（六月十六日）の会見では、「STAP細胞

『軍師・黒田官兵衛の霊言』
（幸福の科学出版）

はない。でも、完全にないとは言い切れない」などと、よく分からないコメントを述べていました。

渡辺圭守護霊　逃《に》げたいだけなんだよ。誰も責任を取りたくないもんなあ。みんな、「逃げて逃げて」して、マスコミは……。

大川紫央　でも、「逃げたい」と言っても、あれほど騒《さわ》ぎを大きくした責任は、マスコミにもあります。

渡辺圭守護霊　うーん。原発事故から、ちょっと祟《たた》っとるしなあ。だけど、富士山の噴火《ふんか》とか、南海トラフ（地震《じしん》）とかの予言をやって、大きく外《はず》してみたら、おまえたちも、その痛みが分かっていいかもしらん。

大川紫央　何か、今、「自分が外れた感じ」がして〝あれ〟なんでしょう？

渡辺圭守護霊　うーん。だから、わしらの番組が「間違《まちが》ってる」ってことで、〝外れて〟るんだろう？

NHKが負ける……。サッカーが負けて落ち込《こ》んできてるし、〝もう一個〟負けたら、もう絶体絶命《ぜったいぜつめい》だね。それを言ったら、あとは〝穴埋《う》め〟番組をいっぱいつくらないといかんことになるだろうからさあ。

大川紫央　その枠《わく》の時間は、サッカーを流すだけでいいですからね。

渡辺圭守護霊　うーん。サッカーを流しておいたら、その間に、ちょっと構想が練《ね》れるからな。

「わしはNHKの『集合想念《そうねん》』だ」と豪語《ごうご》する渡辺氏守護霊

大川紫央　バランスを取るんでしたら、今度、超常現象を取り上げるときには、無理やり、科学的に証明しようとせず、「本当にこんなことがあるんだろうか」という怖い余韻《よいん》を残したままにして、怖い話を流したらいいじゃないですか。

渡辺圭守護霊　（舌打ち）もうちょっとＮＨＫと〝協調〟できるようなものがないかなあ。わしはＮＨＫの「集合想念《そうねん》」だからね。

大川紫央　いや、「プロデューサーの渡辺圭さんの守護霊」です。

渡辺圭守護霊　いやいや、ＮＨＫの〝総意〟なんだよ。民主主義なんだよ。

大川紫央　では、会長の籾井《もみい》さんも、そう思っていると考えますか。

渡辺圭守護霊　ああ？　まあ……、あれは外部の人だからさあ。

大川紫央　ですが、国谷裕子《くにやひろこ》さん（の守護霊）も、別に、霊の存在をそんなには否定していなかったですが……（前掲《ぜんけい》『クローズアップ国谷裕子キャスター』参照）。

渡辺圭守護霊　いや、「国谷引きずり下ろしの陰謀《いんぼう》がある」っていう、〝週刊誌いじり〟が出始めてるよね。

「ＮＨＫが間違《まちが》っている」というのはまずい……

大川紫央　でも、ＮＨＫは〝気持ち悪い〟組織に見えてしまいますよ。（番組では）たくさん顔を出して、名前も出して、いろいろとしているのに、何か、つかみどころがなくて、責任の所在が分からない。

渡辺圭守護霊　うん。〝顔が出てる人〟は、みんな、「責任がない」ことになってるんだよ。

大川紫央　変ですよ。

渡辺圭守護霊　やっぱり、もうちょっと攻撃《こうげき》を〝振《ふ》り替《か》え〟して、テレ朝なんかを、もう一回、攻撃して……。

大川紫央　ＮＨＫを〝かき消す〟ために、どうして、そんな無駄《むだ》な仕事をしないといけないのですか。

渡辺圭守護霊　うーん。「ＮＨＫが間違《まちが》ってる」っていうのは、まずいんだよ、ね。

大川紫央　「ＮＨＫが間違ってる」から、正しい方向に報道してほしくて、私たちも活動しているんじゃないですか。

渡辺圭守護霊　だから、今、判断に困るわけよ。
中国で、なんか天安門《てんあんもん》の処刑《しょけい》が決まったけど、「（ＮＨＫが）これをどう扱《あつか》うか」とかは、すごく難しいんだよ。

大川紫央　それは、真実を明らかにすべきでしょう。

渡辺圭守護霊　うーん……。
　私を見てて、弱ってるのが分かるでしょ？　〝三発目〟を撃《う》ち込まれて……。

大川紫央　確かに、弱りましたね。

渡辺圭守護霊　弱ってるでしょう？

大川紫央　この間の雰囲気《ふんいき》と、少し変わりました。

3 「NHKから文科省と安倍《あべ》政権に攻撃《こうげき》目標を移せ」と迫《せま》る

総裁補佐《ほさ》をほめ上げ、気をそらそうとする

渡辺圭守護霊　（幸福の科学は）文科省にも〝三発目〟を撃《う》ち込《こ》んだらいいよ。

大川紫央　いいえ、駄目《だめ》です。そうやって、ほかの問題でごまかして……。

渡辺圭守護霊　あなたの反論は、すごくよく切れてる。もっと、みんなが聞きたい。

大川紫央　これ以上やっても、先が見えませんので……。

渡辺圭守護霊　じゃあ、次の喧嘩《けんか》相手を探したらいいんだ。

大川紫央　喧嘩をしているわけではなくて、これは、神様が、「正しい価値観」を提示してくださっているだけです。

渡辺圭守護霊　それよりも、この前、ＮＨＫで、深キョン（深田恭子《ふかだきょうこ》）主演のドラマ（「サイレント・プア」）の放送が終わったな。深キョンいこう、深キョン。な？

大川紫央　なぜ、あなたに仕事を割り振《ふ》られなければいけないのですか。

渡辺圭守護霊　深キョン（の霊言《れいげん》）を録《と》って、大川隆法が、〝深キョンを好き〟って言ったら、ＮＨＫに対する応援《おうえん》になるかもしれない。

大川紫央　今、あなたが「やれ」と言っているのですから、もし、それを収録したら、ＮＨＫで「霊言の宣伝」をしてください。そう

「サイレント・プア」
ＮＨＫドラマ（2014年４月放送）。深田恭子の演じる主人公が、声なき貧困者を救うコミュニティ・ソーシャルワーカーとして働く姿を描く。

でないと、割に合いません。

渡辺圭守護霊　いやあ、もし、本田《ほんだ》選手のシュートが決まるようなことがあったら、「この本（『サッカー日本代表エース　本田圭佑《けいすけ》守護霊インタビュー』〔幸福の科学出版刊〕）のおかげです」って言うかもしれないじゃないですか。

大川紫央　すでに、本田選手だけは、シュートを決めていましたよね。

渡辺圭守護霊　「この本のおかげです」って言うかもしれないからさあ。

ＮＨＫ攻撃《こうげき》の〝ミサイル〟を恐《おそ》れている渡辺氏守護霊

大川紫央　ところで、あなたは、なぜ来たのですか。

サッカーの敗戦によって、あなたの気が沈《しず》んでいることなど、当会には関係があり

『サッカー日本代表エース本田圭佑守護霊インタビュー』（幸福の科学出版）

ません。

渡辺圭守護霊　それは、テレビ局には大きいよ。

大川紫央　それは、頑張《がんば》っているのでしょうが……。

渡辺圭守護霊　（二〇二〇年の東京）オリンピックも、舛添《ますぞえ》（要一《よういち》東京都知事）がケチして、縮小に……。

大川紫央　ＮＨＫをはじめとして、政治家や役人のみなさん、その他、各種メディアの人たちが、もう少し、きちんと真理に則《のっと》って、神の価値観を受け入れ、神様の存在を認め、霊の存在も認めるべきです。

渡辺圭守護霊　それとも、『富士山大爆発《だいばくはつ》』っていう本でも出したら。

大川紫央　これ以上、総裁を余計《よけい》に働かせないでください。

渡辺圭守護霊　今、ＮＨＫ攻撃《こうげき》の〝ミサイルの三発目〟が発射されたからね。

大川紫央　あなたが地獄《じごく》へ行かないように、総裁が、あなたのために、〝三発分〟もエネルギーを割《さ》いて、仕事をしてくださったのですよ。

渡辺圭守護霊　だからさあ、サッカーが終わったら、（番組枠《わく》が）たくさん空《あ》いてくるから、つくらないといかんのよ。

大川紫央　では、つくればよいではないですか。

渡辺圭守護霊　つくらないといかんけど、やったら、また（本の〝ミサイル〟が）来るもんな。

大川紫央　違《ちが》う番組をつくればよいでしょう？

渡辺圭守護霊　次回は、「ＵＦＯ」だからさあ、また、「ＵＦＯ」（テーマの本）で来るんだろう？

大川紫央　「番組の最後の五分ぐらいで、すごく無理な否定をして、〝科学的〟に解決しよう」という無謀《むぼう》なことを、やめたらよいではないですか。

「こういうことがあるらしい」ということで、そのまま流せばよいだけです。「それをどう捉《とら》えるか」は、視聴者《しちょうしゃ》に任せればよいでしょう。

あなたがたは、公平にしているつもりでいるのかもしれませんが、結局、否定的に結論づけている時点で、公平ではありません。

「安倍《あべ》政権がヒトラー化している」という認識を持っている

渡辺圭守護霊　今、ＮＨＫも困ってるわけよねえ。判断基準が……、だから、「ＮＨＫフィロソフィー」っていうのを出してもらわんと、困るよね。

大川紫央　「国営放送」という自負《じふ》を持っているのならば、それを持ちつつ、放送すればよいではないですか。

渡辺圭守護霊　今、安倍《あべ》政権が〝ヒトラー化〟してきてるよ。敵対する者を攻撃する傾向《けいこう》が出てきたから、気をつけたほうがいいよ。

大川紫央　あなたがたには、「日本を取り巻《ま》く環境《かんきょう》が危険になっている」ということが分からないのですか。

渡辺圭守護霊　チャネラーが、ほかにもいるんだからさ、そちらにヒトラー（の霊）を入れて、こちら（大川隆法）に安倍さん（の守護霊）を入れて、「安倍さんとヒトラーの対談」を実現させちゃったら、ギャグとしては、すごい面白《おもしろ》いよ。

大川紫央　そのようなことは、しません。

●チャネラー　霊的世界の存在と交信し、その念いを伝えることができる能力者。

ＮＨＫに向けた〝ミサイル〟は確実に当たっていた

渡辺圭守護霊　わしらは、困ってんの。サッカーが終わりそうだからさあ（六月十七日時点）。

大川紫央　知りません。あなたのことは、幸福の科学には関係ありませんよ。

渡辺圭守護霊　「決勝」まで行ってくれたら、わしらは、ものすごい楽になるんだけども……。

大川紫央　幸福の科学には関係ありません。それは、ＮＨＫの仕事でしょう？

渡辺圭守護霊　みんな、ＮＨＫの番組を観《み》てくれるから、関係ないんだけどなあ……。（幸福の科学の本は）〝きつい弾《たま》〟やなあ。

大川紫央　きつかったのですか。

つまり、〝ミサイル〟は、確実に当たったのですね。

これから、番組で超常《ちょうじょう》現象をもっとたくさん取り上げて、最後の、〝科学的〟に結論づけて唯物論《ゆいぶつろん》のほうに持っていこうとする、どう見ても無理のある部分をカットすればよいだけです。世界の、いろいろな不思議現象を取り上げるだけの番組にすればよいではないですか。

4　「話しているのは霊《れい》ではなく、電波をキャッチしている」との唯物的《ゆいぶつ》理解

「恐怖《きょうふ》の予言」を希望する渡辺氏守護霊

渡辺圭守護霊　（幸福の科学から）渡辺淳一《わたなべじゅんいち》の〝幽霊《ゆうれい》〟とか、あんなのが出ているから、本当に困るんだよなあ。（渡辺氏は）死んですぐ出てきたけど、なんで「実証」の手伝いに出てくるんだろうなあ（注。二〇一四年五月十一日、渡辺淳一の霊言を収録。『「失楽園」のその後』（幸福の科学出版刊）参照）。

　それに、生きてる人なのに霊が出てくるのは、よう分からんのだ。

大川紫央　自分だって、今、しゃべっているじゃな

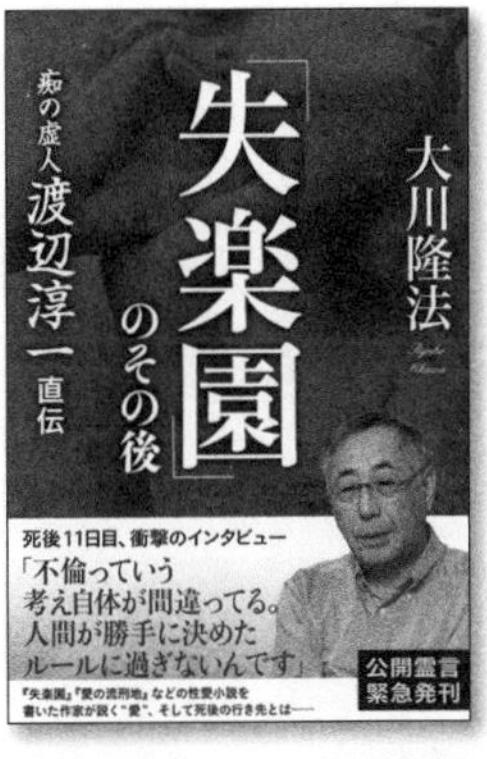

『「失楽園」のその後』（幸福の科学出版）

いですか。

渡辺圭守護霊　ああ？　いや、わしはＮＨＫの集合想念《そうねん》だからさ。うちは電波を出す会社だからさあ。

大川紫央　電力を使う〝電波会社〟なのに、原子力発電を止《と》めようとするような報道をしているではありませんか。

渡辺圭守護霊　いや、この人（大川隆法）は、〝スマホ〟なんだ。スマホ、スマホ。

大川紫央　原子力発電を止めるのであれば、もう、いちばん早く、余分なものとして切り捨てられるのは、そちらですよ。

渡辺圭守護霊　いちばん関心があるのはねえ、「南海トラフ大地震《だいじしん》と富士山大噴火《だいふんか》はあるのか」、これを（大川隆法に）やってもらいたいなあ。

大川紫央　そんな〝恐怖《きょうふ》の予言〟をしても、もう無理ですよ。幸福の科学は、そもそも、「このまま、神仏と違《ちが》う方向に、国民や、いろいろな人の思惑《おもわく》が行くのであれば、そのときは、もう、日本のどこへ逃《に》げても同じですよ」と、神様から言葉を頂いているのです（『天照大神《あまてらすおおみかみ》のお怒《いか》りについて――緊急神示《きんきゅうしんじ》 信仰《しんこう》なき日本人への警告――』（幸福の科学出版刊）参照）。

「『幻解《げんかい》！超常《ちょうじょう》ファイル』に異議を唱えられ、堪《こた》えている」

渡辺圭守護霊　うーん、（本書で）〝三発目〟だろう？　栗山《くりやま》の（著者校正）を、先週やったんじゃないの（前掲《ぜんけい》『ＮＨＫ「幻解《げんかい》！超常《ちょうじょう》ファイル」は本当か――ナビゲーター・栗山千明《ちあき》の守護霊インタビュー――』参照）。もう、そろそろ本が出来上がるんだろう。

『天照大神のお怒りについて』（幸福の科学出版）

大川紫央　ええ。その本は、今週の土曜日（二〇一四年六月二十一日）から、全国の書店で発刊されます。

渡辺圭守護霊　今日の（朝、著者校正を行った本書）はまた〝別で〟出るんだろう。サッカーで負けたあとぐらいにそれが出ると、こっちは堪《こた》えるよ。

大川紫央　では、ちょうどよかったではないですか。

渡辺圭守護霊　（君らは）「ＮＨＫの偏向《へんこう》」ということに、まだとらわれてる。君らの本が多すぎて困ってるんだよ。ちょっと間引《まび》いてもいいんじゃないか？

大川紫央　あなたみたいに、今、〝弾《たま》〟がきちんと当たっているのでしょう？

渡辺圭守護霊　うん。当たってる。〝二発目、三発目〟は、本がまだ出てないのに、もう精神的には堪えてる。

大川紫央　神様をそんなに〝甘《あま》く〟見てはいけません。

あくまでも「霊《れい》」を「電気現象」と捉《とら》える渡辺氏守護霊

渡辺圭守護霊　やっぱり、文部科学省の教育が悪いんだよ。

大川紫央　そう言うのは、当会の本が出ることによって、ＮＨＫをクローズアップされたくないからでしょう？

渡辺圭守護霊　うん、やるなら、「クローズアップ文部科学省」にしよう。あっちから、安倍《あべ》政権を壊《こわ》そう。

大川紫央　安倍政権を壊したいんですね？

渡辺圭守護霊　そらあ、壊したいわ。

大川紫央　ですから、籾井《もみい》会長も嫌《いや》なんでしょう?

渡辺圭守護霊　大いに嫌だ。

大川紫央　では、あなたは、日本をどんな国にしたいのですか?

渡辺圭守護霊　うーん、日本はね、科学立国だ。

大川紫央　あなたは理系なんですね。

渡辺圭守護霊　うーん……。「実証史学」だな。

大川紫央　でも、あなたは今、霊《れい》として大川総裁の体を通じて話しているではないですか。

渡辺圭守護霊　いや、霊じゃなくて、こういうのはねえ、「念波《ねんぱ》」なんですよ。本人の念《おも》いを、こちら（大川隆法）の〝受信装置〟で、キャッチしてるんです。そういうことは、ありうるんですよねえ。

大川紫央　そういうこともありますよ。

渡辺圭守護霊　人間は、脳からね、〝電波〟を出している。

大川紫央　そういうことも、大川総裁は、きちんと合理的に説いてくださっていますよ。

渡辺圭守護霊　念波《ねんぱ》、「思い」をキャッチしてるんだよ。それだけなんだ。霊じゃない。「思い」をキャッチしてる。

大川紫央　では、その「思い」は、科学的に、どのように確認するのですか?

渡辺圭守護霊　うん、だから、思いは「脳の作用」なんだよ。脳のなかで電気が発生してるんだよ。〝発電機〟がある。

5 〝科学的〟に証明できないものは、あくまで認めない

ＮＨＫの「偏向性《へんこう》」を指摘《してき》され、「反論できない」渡辺氏守護霊

渡辺圭守護霊 〝三発〟も出さなくてもいいじゃない。もう、ちょっと……、うーん。

大川紫央 ＮＨＫは、もう変わらないと、本当に大変ですよ。

渡辺圭守護霊 「ザッケローニ監督《かんとく》の霊言《れいげん》」とかで……。

大川紫央 駄目《だめ》です。ＮＨＫは、国民に影響《えいきょう》を与《あた》えているのですから、あなたがただって、「間違《まちが》った思想によって、国民を洗脳している」とも言えるんですよ。

渡辺圭守護霊 だって、それは……。

大川紫央　宗教を「洗脳」と言いますけれども、そうではないのです。あなたがただって、そういう〝刷り込《こ》み〟をしているわけですからね。

渡辺圭守護霊　「『ネッシーがいてほしい』って思う、みんなの夢は大事だ」とは思うから、そういうものを「全部、奪《うば》いたい」とは思っていないけどねえ。

大川紫央　ＮＨＫは、超常《ちょうじょう》現象の番組だけではなくて、ほかにもたくさん、そういうことをしているではないですか。「タイムスクープハンター」という、時代をタイムスリップする番組でも、「結局、ポルターガイストは、人によるものだった」というように片づけていたし、「ためしてガッテン」でも、「金縛《かなしば》りは、脳の問題によるものだ」というように、睡眠時の脳波の実験で結論づけていたし、本当にひどい〝垂《た》れ流し〟をたくさんしています。

『遠隔透視　ネッシーは実在するか』（幸福の科学出版）

渡辺圭守護霊　いや、だから、そんな「タイムスリップ・リーディング」なんていうのを、科学で説明した人はいないんだからさ。

大川紫央　そんなことぐらい、神様がいたらできるでしょう？

渡辺圭守護霊　だから、神様なんて証明できない。

大川紫央　ですから、大川総裁の本だけを読むのではなくて、超常現象を起こした映像も見てください。すごいことが起

NHK「タイムスクープハンター『解明せよ！戦慄の超常現象』」（2014.4.26）から（P.26 も参照）

18 世紀末の江戸の旗本屋敷に起きた怪奇現象。屋敷の皿が飛んだり、屋根に大量の石が降り注いだりする怪奇現象が。祈禱をしても効果がない。

未来人による調査の結果、実は、村娘を下女として屋敷にとられ、虐待されたことに憤った村人が仕掛けたトリックであることが判明する。

一見、現代の目から謎解きができ、怪奇現象は何も存在しなかったように思わされるが、あくまで番組がつくった筋書きにすぎず、謎自体の解明はされていない。

かつての日本では、ひとりでに家や家具が揺れる怪奇現象を「家鳴《やなり》」と呼んで恐れた。（絵：鳥山石燕による妖怪画集「画図百鬼夜行」）

こっていますからね。

渡辺圭守護霊　ハァー（ため息をつく）。

攻撃《こうげき》対象を「ＮＨＫからそらそう」とあがく渡辺氏守護霊

渡辺圭守護霊　きっとねえ、文科大臣も、今、ウンウン言ってるよ。

大川紫央　いえ、大丈夫《だいじょうぶ》です。文科大臣は、そもそも「霊」は信じていますから。唯《ゆい》物論者《ぶつろんしゃ》ではないですからね。

渡辺圭守護霊　〝幽霊《ゆうれい》学園〟をつくっていいかどうか、困ってるわね。

大川紫央　「幽霊学園」ではありません。立派な人が育つ大学をつくれます。

渡辺圭守護霊　なんか、ほかの〝獲物《えもの》〟を探そうよぉ。

●タイムスリップ・リーディング　対象に向けて、時間・空間の座標軸を合わせ、過去や未来の状況を透視するリーディング。

ポンペイで死んだ人の霊視《れいし》をして、どうだったかをやろう。「ノアの方舟《はこぶね》」もやらないといかん。ノアの方舟は本当だったかどうかを透視《とうし》してほしいな。タイムスリップ・リーディングは、そのとおりだよ。

大川紫央　あなたが言えば言うほど、やりたくなくなります。

渡辺圭守護霊　だって、リスクをもっと背負ってほしい。

大川紫央　当会は、すでにリスクを背負っています。

渡辺圭守護霊　あんたがた、超常現象なんて、STAP《スタップ》細胞《さいぼう》と一緒《いっしょ》だよ。今は、あるかないか分からんのに。

大川紫央　大川総裁は、リスクを背負って、霊存在のことや国の方向について、全部、言ってくださっていますけれども、NHKこそ、リスクを背負っていないのではない

●ポンペイ　かつてイタリアにあった古代都市。1世紀、火山の噴火で地中に没した。2014年、これをモチーフとした映画「ポンペイ」が公開された。
●ノアの方舟　『旧約聖書』に記された大洪水伝説。2014年、これをモチーフとした映画「ノア 約束の舟」が公開された。

ですか。それは、今、あなたが「集合想念《そうねん》だ」とか言って出てきていること自体に表れています。

渡辺圭守護霊　いやあ、「(憲法)九条を守る会」も活発に動いてますよ。まだ、「反原発」も動いてますよ。たくさん動いているけど、サッカーが勝ち続けたら、みんな忘れるんだけどなあ。

大川紫央　初戦で〝神風《かみかぜ》〟が吹《ふ》かなかったのは、本田圭佑《ほんだけいすけ》選手など、日本の選手たちが、あれだけ一生懸命《いっしょうけんめい》練習して、純粋《じゅんすい》な思いで愛国心を持って頑張《がんば》っているのに、日本のマスコミや政治家や、左翼《さよく》思想の人たちが、「神風を吹かせない方向」に流れを持っていっているからではないですか。

渡辺圭守護霊　あなたがた、まだ、「日テレ」と「フジテレビ」の攻撃《こうげき》をやってないんじゃないかなあ。

大川紫央　だって、特に問題ないですよ。そんな問題は、今のところ、発覚《はっかく》していないですからね。

渡辺圭守護霊　やっぱり、やらなきゃいけないわ。

大川紫央　あちらはフジサンケイグループですよね？　産経新聞は日本を守るために書いていますし、女優の杏《あん》さんが幽霊の彼女を演じていたドラマ（「幽《かす》かな彼女」）も放送していました。

テレビ朝日に関しては、STAP細胞の件や、ドラマ「BORDER《ボーダー》」については考えが似てましたよ。

渡辺圭守護霊　うーん。（左翼系の）テレビ朝日が少し〝弱って〟るんだよ。NHKなんか、ああいうの流せないんだよなあ。

「BORDER」　頭部に銃弾を受け、霊的能力に目覚めた刑事が、難事件を解決していくドラマ（2014年放送）。

「幽かな彼女」　超霊感体質の中学教師とアパートの地縛霊が繰り広げるハートフル・ラブコメディドラマ（2013年放送）。

大川紫央　神様を〝黙殺《もくさつ》〟して、影響が出ないようにしようと思っているんでしょうけど、神様の力はそんなものではありません。

自分の霊言《れいげん》を出版させないように〝ストライキ〟をしに来ている

渡辺圭守護霊　（ＮＨＫ番組「幻解！超常ファイル」に関する本が）〝一発〟しか出てないのに、あともう〝二発〟が発射されて、届いてないわけで。〝北《きた》（朝鮮《ちょうせん》）のミサイル〟みたいだよ、おまえらはな。

発射情報が、「謎《なぞ》の飛翔体《ひしょうたい》」が西の空を飛んでるみたいな……。

大川紫央　以前のＮＨＫの報道はひどかったですよ。北朝鮮がミサイルを日本海に向けて発射したのに、普段《ふだん》、ＵＦＯはあまり認めないにもかかわらず、まるでＵＦＯのように「謎の飛翔体が発射された」と言っていました。「飛翔体」って何ですか。

渡辺圭守護霊　まあ、映画で「ゴジラ」が来るからさあ（七月二十五日公開予定）。

（大川隆法に）「ゴジラ」を霊視してもらおう。

大川紫央　ネッシーの霊視はしていますから。

渡辺圭守護霊　（舌打ち）なんか君たちは、常に「戦う相手」を欲《ほっ》してるからさあ。

大川紫央　そんなことありません。

渡辺圭守護霊　なんかねえ、しっかり〝敵〟を探そうよ。ほかにも〝敵〟がいるよ、きっと。

大川紫央　「戦おう」と思っているのではなくて、真理を弘《ひろ》める上では、折伏《しゃくぶく》しなければいけないところもあるので、それが出ているだけです。

渡辺圭守護霊　（「ゴジラのテーマ」を口ずさむ）ちゃちゃちゃちゃん♪　ちゃちゃちゃちゃん

●「GODZILLA」　1954年の特撮怪獣映画「ゴジラ」公開60周年を記念し、ハリウッドでリメイクしたSF映画（2014年7月公開予定）。

♪　ちゃちゃちゃちゃちゃ、ちゃちゃちゃちゃちゃちゃちゃん♪

大川紫央　早く帰ってください。そうやって大川総裁の時間を奪いに来ないでください。

渡辺圭守護霊　だって、「本を出す」って言うからさあ。こうやって〝ストライキ〟しに来てるんじゃん。

大川紫央　だから、もう手遅《ておく》れです。

渡辺圭守護霊　ＮＨＫは批判に弱いんだって。

大川紫央　だから、批判を受けるべきなんですよ。責任を取ったほうがいいです。

話をそらすために、〝いいネタ〟を提供しようとする

渡辺圭守護霊　まあ、受信料は「税金」に近いからねえ。

大川紫央　そうですよ。私はこの間引っ越《こ》しをするときに、NHKに電話をして言いました。「国営放送で、みんなから税金のようにお金を取るのに、幸福実現党を報道しないのはなぜなんですか」と。

渡辺圭守護霊　この前、最初に釈《しゃく》党首の映像を流した。いちばん最初で。

大川紫央　もう少し真面目《まじめ》に報道してください。

渡辺圭守護霊　一秒ぐらいだけども。

幸福実現党党首の守護霊について霊査した『釈量子の守護霊霊言』（幸福実現党）

大川紫央　それは、国民の「知る権利」を奪ってます。

渡辺圭守護霊　ああ……。なんか、ほかに何か〝敵〟をあてがってやらないといかんからなあ……。

大川紫央　あなたがそう言えば言うほど、NHKの問題が明るみに出るようになります。

渡辺圭守護霊　いや、こっちに矛先《ほこさき》が来るから困るのよ。うーん。

大川紫央　いや、あなたの霊言《れいげん》はひどかったですよ。

渡辺圭守護霊　私の、ひどかったかなあ。だんだん、ちょっと話を違うほうへ持っていきたいねえ。

大川紫央　あなたはここに来るべき人ではありません。勝手に入って来ないでください。

渡辺圭守護霊　次は、高校野球がもうすぐ始まるんだ。

大川紫央　今、〝不法侵入《しんにゅう》〟です。〝不法侵入罪〟で〝逮捕《たいほ》〟しますよ。

「テレビではなく、映画を観《み》よう」と本末転倒《ほんまつてんとう》なことを言い出す

渡辺圭守護霊　私も〝文科大臣〟みたいになってるんだ。そっちへ食いついてほしいんだなあ。食いついてほしいなあ……。そんなＮＨＫのことよりも。

他局がねえ、あれ（幸福の科学の本）を見て反応するからさ。他局が〝心霊もの〟を増やすよ。きっと、防衛のために。

大川紫央　いいじゃないですか、これから夏ですし。

渡辺圭守護霊　いや、「（心霊ものを）認めるのを流しておけば、（幸福の科学に）やられない」と思って、きっと流すよ。

大川紫央　今度、市川海老蔵《いちかわえびぞう》さんが出演する映画で「喰女《クイメ》」という怖《こわ》いホラーがありますよね。

渡辺圭守護霊　あっ、テレビはもう観《み》ないことにして、映画を観ることにしよう。

大川紫央　つまり、ＮＨＫは要《い》らないんですか。それなら税金のように受信料を徴収《ちょうしゅう》しないでください。

渡辺圭守護霊　おめえ、やたらとＮＨＫを観てるんじゃない？　せっかく、もっともっと受信料を回収しようとして頑張ってやってんのに。

大川紫央　はい、もう帰ってください（手を数回叩《たた》く）。

●「喰女」　鶴屋南北の歌舞伎狂言「東海道四谷怪談」をモチーフに、虚構と現実の境を超えた恐怖に陥る男の姿を描いたホラー映画（2014年8月公開予定）。

幸福の科学の活動は、「唯物論《ゆいぶつろん》」の幻想を解くまで終わらない

渡辺圭守護霊　うん、三本目（この本）は止《と》めない？　まだ止められるよ。印刷代が惜《お》しいよ。

大川紫央　〝発射〟して、〝着弾《ちゃくだん》〟させます。

渡辺圭守護霊　印刷代が惜しい。

大川紫央　〝着弾〟させます。

渡辺圭守護霊　今月末まで、だいぶ時間があるなあ。

大川紫央　いや、私たちの活動は終わらないです。

渡辺圭守護霊　やっぱりそういうね、〝いじめ〟はいけないよ。〝いじめ〟はなくそう。

大川紫央　本来、人類が持つべき価値観に戻《もど》そうとしているだけです。

渡辺圭守護霊　〝いじめ〟はやめようよ。

大川紫央　今、宗教ではなくて、マルクスとか、ダーウィンとか、「唯物論《ゆいぶつろん》」にみんなが洗脳されています。だからその洗脳を、私たちは解こうとしているんです。

渡辺圭守護霊　〝いじめ〟はなくさないといかん。

大川紫央　洗脳を解こうとしています。

ダーウィンの霊言が収録された『進化論―150年後の真実』（幸福の科学出版）

『マルクス・毛沢東のスピリチュアル・メッセージ』（幸福の科学出版）

渡辺圭守護霊　いや、そういう君たちは、STAP（細胞）と一緒だって。あるかないか分からんのだよ。限りなく〝黒〟に近い〝灰色〟なの。

大川紫央　いや、今、あなたは霊として、話しているでしょう？

渡辺圭守護霊　だから、これは私の〝脳波《のうは》〟。脳波を（大川隆法が）キャッチしてるんだ。

大川紫央　もう、帰ってください。

渡辺圭守護霊　サッカー、勝ってくれんかなあ、次は。サッカーで沸《わ》いてたらね、「幻解《げんかい》ファイル」はみんな忘れてたのに。

大川紫央　忘れませんよ、うちは。はい。じゃあ、帰ってください。

渡辺圭守護霊　あああ……（うめき声）。

渡辺氏守護霊は霊言集《れいげんしゅう》で相当なダメージを受けている

大川隆法　本の校正をしたから、そのまま守護霊が来たのでしょう。直通ですね。

大川紫央　そうですね。同通したみたいです。

でも、これは相当ダメージを受けていますね。この間とは、全然、雰囲気《ふんいき》が違います。

大川隆法　〝二発目〟、〝三発目〟で終わるかどうか。堪《こた》えるとは思いますね。

大川紫央　〝ミサイル発射準備〟ができたということは分かったんですね（笑）。情報を入手したんでしょう。

大川隆法　まだ、〝着弾〟していないんですけどね。

あとがき

この世に人間として生活して五官《ごかん》（眼《げん》・耳《に》・鼻《び》・舌《ぜっ》・身《しん》）で感知できる世界は現《げん》象界《しょうかい》という。しかし人間の本当の生命は、この現象界を一種の魂を磨く学校と見立てて、あの世から生まれ変わり、肉体に宿り、数十年の人生経験を経て、またあの世（実在界）へと還《かえ》っていく。

仏教や神道などいろいろな宗教の勉強をされた方ならご存じの通りである。しかし、学校教育で真実を教えなくなって久しく、教わってないことは「無い」ことと同じととらえる人々も多くなってきた。

私はこの三十五年間、霊的世界と交流せずして過ごした日は一日もなく、霊界の存在証明を発表し続けている。唯物論《ゆいぶつろん》の呪縛《じゅばく》、洗脳を早く解かねばならない。科学の先には「未知の世界」が広がっていることに気づいてほしいと心から願っている。

二〇一四年　六月十七日

幸福《こうふく》の科学《かがく》グループ創始者兼総裁《そうししゃけんそうさい》　大川隆法《おおかわりゅうほう》

『幻解ファイル＝限界ファウル「それでも超常現象は存在する」』

大川隆法著作関連書籍

『神秘の法』（幸福の科学出版刊）
『「正しき心の探究」の大切さ』（同右）
『「宇宙人によるアブダクション」と「金縛り現象」は本当に同じか』（同右）
『ＮＨＫ新会長・籾井勝人守護霊本音トーク・スペシャル』（同右）
『小保方晴子さん守護霊インタビュー　それでも「ＳＴＡＰ細胞」は存在する』（同右）
『クローズアップ国谷裕子キャスター』（同右）
『日米安保クライシス』（同右）
『ＮＨＫ「幻解！超常ファイル」は本当か』（同右）
『遠隔透視　ネッシーは実在するか』（同右）
『マルクス・毛沢東のスピリチュアル・メッセージ』（同右）

『軍師・黒田官兵衛の霊言』（同右）
『サッカー日本代表エース 本田圭佑守護霊インタビュー』（同右）
『「失楽園」のその後――痴の虚人 渡辺淳一直伝――』（同右）
『天照大神のお怒りについて』（同右）
『進化論――150年後の真実』（同右）
『釈量子の守護霊霊言』（幸福実現党刊）

幻解《げんかい》ファイル＝限界《げんかい》ファウル「それでも超常現象《ちょうじょうげんしょう》は存在《そんざい》する」

──超常現象を否定するNHKへの〝ご進講②〟──

2014年6月26日　初版第1刷

著　者　大《おお》　川《かわ》　隆《りゅう》　法《ほう》

発行所　幸福の科学出版株式会社

〒107-0052 東京都港区赤坂2丁目10番14号
TEL(03)5573-7700
http://www.irhpress.co.jp/

印刷・製本　株式会社 堀内印刷所

落丁・乱丁本はおとりかえいたします

ISBN978-4-86395-494-6 C0014
写真：アフロ／Manuel González Olaechea y Franco／zillow

大川隆法 霊言シリーズ・遠隔透視シリーズ

ダークサイド・ムーンの遠隔透視

月の裏側に隠された秘密に迫る

特別装丁
函入り

地球からは見えない「月の裏側」には何が存在するのか？ アポロ計画中止の理由や、2013年のロシアの隕石落下事件の真相など、驚愕の真実が明らかに！

10,000円

遠隔透視 ネッシーは実在するか

未確認生物の正体に迫る

謎の巨大生物は、はたして実在するのか!? 世界の人々の好奇心とロマンを刺激してきた「ネッシー伝説」の真相に挑む「遠隔透視」シリーズ第3弾！

1,500円

中国「秘密軍事基地」の遠隔透視

中国人民解放軍の最高機密に迫る

人類最高の霊能力が未知の世界の実態を透視する第二弾！ アメリカ政府も把握できていない中国軍のトップ・シークレットに迫る。

1,500円

大川隆法 霊言シリーズ・最新刊

天に誓って「南京大虐殺」はあったのか

『ザ・レイプ・オブ・南京』著者 アイリス・チャンの霊言

謎の死から10年、ついに明かされた執筆の背景と、良心の呵責、そして、日本人への涙の謝罪。「南京大虐殺」論争に終止符を打つ一冊!

1,400円

サッカー日本代表エース 本田圭佑守護霊インタビュー

心の力で未来を勝ち取れ!

自分たちの活躍で、「強い日本」を取り戻したい! 数々の苦境から人生を拓いてきた男の真意、そして世界で戦うサムライとしての覚悟が明かされる。

1,400円

副総理・財務大臣 麻生太郎の守護霊インタビュー

安倍政権のキーマンが語る「国家経営論」

教育、防衛、消費増税、福祉、原発、STAP細胞問題など、麻生太郎副総理・財務大臣の「国会やマスコミでは語れない本心」に迫る!

1,400円

※表示価格は本体価格(税別)です。

大川隆法 ベストセラーズ・神秘の扉が開く

忍耐の法

「常識」を逆転させるために

人生のあらゆる苦難を乗り越え、夢や志を実現させる方法が、この一冊に──。混迷の現代を生きるすべての人に贈る待望の「法シリーズ」第20作！

2,000円

未来の法

新たなる地球世紀へ

暗い世相に負けるな！ 悲観的な自己像に縛られるな！ 心に眠る無限のパワーに目覚めよ！ 人類の未来を拓く鍵は、一人ひとりの心のなかにある。

2,000円

神秘の法

次元の壁を超えて

この世とあの世を貫く秘密を解き明かし、あなたに限界突破の力を与える書。この真実を知ったとき、底知れぬパワーが湧いてくる！

1,800円

幸福の科学グループのご案内

宗教、教育、政治、出版などの活動を通じて、
地球的ユートピアの実現を目指しています。

宗教法人　幸福の科学

一九八六年に立宗。一九九一年に宗教法人格を取得。信仰の対象は、地球系霊団の最高大霊、主エル・カンターレ。世界百カ国以上の国々に信者を持ち、全人類救済という尊い使命のもと、信者は、「愛」と「悟り」と「ユートピア建設」の教えの実践、伝道に励んでいます。

（二〇一四年六月現在）

愛

幸福の科学の「愛」とは、与える愛です。これは、仏教の慈悲《じひ》や布施《ふせ》の精神と同じことです。信者は、仏法真理をお伝えすることを通して、多くの方に幸福な人生を送っていただくための活動に励んでいます。

悟り

「悟り」とは、自らが仏の子であることを知るということです。教学《きょうがく》や精神統一によって心を磨き、智慧《ちえ》を得て悩みを解決すると共に、天使・菩薩《ぼさつ》の境地を目指し、より多くの人を救える力を身につけていきます。

ユートピア建設

私たち人間は、地上に理想世界を建設するという尊い使命を持って生まれてきています。社会の悪を押しとどめ、善を推し進めるために、信者はさまざまな活動に積極的に参加しています。

国内外の世界で貧困や災害、心の病で苦しんでいる人々に対しては、現地メンバーや支援団体と連携して、物心両面にわたり、あらゆる手段で手を差し伸べています。

年間約３万人の自殺者を減らすため、全国各地で街頭キャンペーンを展開しています。

公式サイト **www.withyou-hs.net**

ヘレン・ケラーを理想として活動する、ハンディキャップを持つ方とボランティアの会です。視聴覚障害者、肢体不自由な方々に仏法真理を学んでいただくための、さまざまなサポートをしています。

公式サイト **www.helen-hs.net**

INFORMATION

お近くの精舎・支部・拠点など、お問い合わせは、こちらまで！

幸福の科学サービスセンター

TEL. 03-5793-1727（受付時間 火〜金：10〜20時／土・日：10〜18時）

宗教法人 幸福の科学 公式サイト **happy-science.jp**

教育

学校法人 幸福の科学学園

学校法人 幸福の科学学園は、幸福の科学の教育理念のもとにつくられた教育機関です。人間にとって最も大切な宗教教育の導入を通じて精神性を高めながら、ユートピア建設に貢献する人材輩出を目指しています。

幸福の科学学園

中学校・高等学校（那須本校）
2010年4月開校・栃木県那須郡（男女共学・全寮制）
TEL **0287-75-7777**
公式サイト **happy-science.ac.jp**

関西中学校・高等学校（関西校）
2013年4月開校・滋賀県大津市（男女共学・寮及び通学）
TEL **077-573-7774**
公式サイト **kansai.happy-science.ac.jp**

幸福の科学大学（仮称・設置認可申請中）
2015年開学予定
TEL **03-6277-7248**（幸福の科学 大学準備室）
公式サイト **university.happy-science.jp**

仏法真理塾「サクセスNo.1」 TEL **03-5750-0747**（東京本校）
小・中・高校生が、信仰教育を基礎にしながら、「勉強も『心の修行』」と考えて学んでいます。

不登校児支援スクール「ネバー・マインド」 TEL **03-5750-1741**
心の面からのアプローチを重視して、不登校の子供たちを支援しています。
また、障害児支援の「**ユー・アー・エンゼル!**」運動も行っています。

エンゼルプランV TEL **03-5750-0757**
幼少時からの心の教育を大切にして、信仰をベースにした幼児教育を行っています。

シニア・プラン21 TEL **03-6384-0778**
希望に満ちた生涯現役人生のために、年齢を問わず、多くの方が学んでいます。

NPO 活動支援

いじめから子供を守ろうネットワーク

学校からのいじめ追放を目指し、さまざまな社会提言をしています。また、各地でのシンポジウムや学校への啓発ポスター掲示等に取り組む一般財団法人「いじめから子供を守ろうネットワーク」を支援しています。

公式サイト **mamoro.org**
相談窓口 **TEL.03-5719-2170**
ブログ **blog.mamoro.org**

政治

幸福実現党

内《ない》憂《ゆう》外《がい》患《かん》の国難に立ち向かうべく、二〇〇九年五月に幸福実現党を立党しました。創立者である大川隆法党総裁の精神的指導のもと、宗教だけでは解決できない問題に取り組み、幸福を具体化するための力になっています。

党員の機関紙
「幸福実現NEWS」

TEL 03-6441-0754
公式サイト hr-party.jp

出版メディア事業

幸福の科学出版

大川隆法総裁の仏法真理の書を中心に、ビジネス、自己啓発、小説など、さまざまなジャンルの書籍・雑誌を出版しています。他にも、映画事業、文学・学術発展のための振興事業、テレビ・ラジオ番組の提供など、幸福の科学文化を広げる事業を行っています。

アー・ユー・ハッピー?
are-you-happy.com

ザ・リバティ
the-liberty.com

幸福の科学出版
TEL 03-5573-7700
公式サイト irhpress.co.jp

THE FACT

ザ・ファクト
マスコミが報道しない「事実」を世界に伝えるネット・オピニオン番組

Youtubeにて随時好評配信中！

ザ・ファクト　検索

入会のご案内

あなたも、幸福の科学に集い、
ほんとうの幸福を
見つけてみませんか？

幸福の科学では、大川隆法総裁が説く仏法真理をもとに、
「どうすれば幸福になれるのか、また、
他の人を幸福にできるのか」を学び、実践しています。

入会

大川隆法総裁の教えを信じ、学ぼうとする方なら、どなたでも入会できます。入会された方には、『入会版「正心法語」』が授与されます。（入会の奉納は1,000円目安です）

ネットでも**入会**
できます。詳しくは、
下記URLへ。
happy-science.jp/joinus

三帰《さんき》誓願《せいがん》

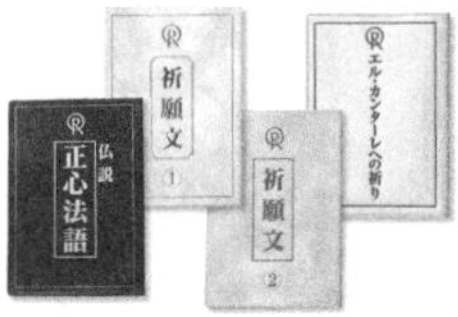

仏弟子としてさらに信仰を深めたい方は、仏・法・僧の三宝への帰依を誓う「三帰誓願式」を受けることができます。三帰誓願者には、『仏説・正心法語』『祈願文①』『祈願文②』『エル・カンターレへの祈り』が授与されます。

植福《しょくふく》の会

植福は、ユートピア建設のために、自分の富を差し出す尊い布施の行為です。布施の機会として、毎月1口1,000円からお申込みいただける、「植福の会」がございます。

「植福の会」に参加された方のうちご希望の方には、幸福の科学の小冊子（毎月1回）をお送りいたします。
詳しくは、下記の電話番号までお問い合わせください。

月刊「幸福の科学」　ザ・伝道

ヤング・ブッダ　ヘルメス・エンゼルズ

INFORMATION	幸福の科学サービスセンター TEL. 03-5793-1727（受付時間 火～金:10～20時／土・日:10～18時） 宗教法人 幸福の科学 公式サイト happy-science.jp